Gerard Janssen

La GROSSESSE expliquée aux HOMMES

Illustrations de Job, Joris & Marieke.

SOLAR EDITIONS

Préface

Lorsque ma compagne attendait notre premier enfant, j'ai voulu lire ses livres sur la grossesse. Hélas, ces ouvrages, qui présentaient le développement du bébé et le vécu de la maman, n'avaient pas été écrits pour moi. « Vous souffrez de nausées, de douleurs intestinales, vous éprouvez des sensations d'inconfort ? Ne vous inquiétez pas, tout cela est normal. » Mais ce « vous » n'était pas moi ! Je ne présentais aucun de ces symptômes, et quand bien même j'aurais eu mal au cœur, il n'était pas question que l'on s'adresse à moi sur le ton d'un psychologue essayant de convaincre un forcené de descendre de la grue sur laquelle il s'est retranché.

Mon objectif n'était pas seulement de savoir ce que ressent une femme enceinte, mais comment se déroule une grossesse. Comment un ovule fécondé devient-il un être vivant ? Qu'est-ce que l'ADN ? Qu'est-ce qu'un chromosome ? Je ne trouvais aucune réponse à ces questions.

Aujourd'hui, trois grossesses plus tard, je comprends mieux l'empathie manifestée dans ces ouvrages. En matière de développement émotionnel, j'ai dix ans de retard environ par rapport à la moyenne féminine. Et je ne pense pas être le seul dans ce cas. Quand je repense à cette première expérience, je me rends compte que je n'avais rien compris de la signification et des implications de la grossesse chez les femmes. Comment imaginer tout ce qui les préoccupe au sujet du bébé qu'elles portent, et ce qui les irrite quand leur conjoint se moque du calendrier de grossesse alors qu'il est supposé devenir un père digne de ce nom ? C'est pourquoi j'ai décidé d'écrire un livre pour les hommes, avec des explications typiquement masculines – disons plus techniques – sur la « mécanique » de la grossesse et la nature de la vie, mais aussi des informations sur les difficultés des femmes et sur la façon dont on peut les aider. En effet, votre femme* va changer, elle aussi : votre humour ne la fera plus rire et vous ne l'impressionnerez plus en annonçant que vous allez gravir l'Everest. Un futur papa a donc tout intérêt à se familiariser avec la maternité. Si j'avais la possibilité de revenir dix ans en arrière, je me comporterais bien différemment. Comme je ne peux pas voyager dans le temps, j'ai écrit ce livre.

Gerard Janssen, mai 2009

* Par commodité, j'ai choisi de désigner la future maman par l'expression «votre femme», bien qu'il s'agisse peut-être de votre compagne, en union libre, ou avec laquelle vous avez conclu un PACS.

Neuf mois ou quarante semaines?

Une grossesse dure neuf mois. Mais qu'est-ce que cela signifie exactement? Certains mois ont 31 jours, d'autres 30, voire 28 ou 29. Évidemment, la durée de la grossesse n'augmente pas quand elle a lieu une année bissextile. Pour simplifier les choses, on la calcule souvent en semaines, 40 en moyenne. Mais attention, lorsque le médecin parle de la huitième semaine d'aménorrhée (absence de règles), cela signifie que l'embryon a six semaines. Il part en effet du premier jour de la menstruation précédant la fécondation. Le plus souvent, une femme fait un test de grossesse lorsqu'elle a un retard de règles d'une semaine, c'est-à-dire à la cinquième semaine d'aménorrhée, alors que l'embryon est âgé de trois semaines. Vous suivez? Ne vous inquiétez pas, puisque ce livre s'adresse aux hommes, nous allons commencer par l'étape la plus logique : la fécondation. Mais pour éviter de vous embrouiller, nous utiliserons le calendrier des médecins et commencerons donc à la semaine 3.

Sommaire

1er trimestre

Pour une femme, le premier trimestre de la grossesse est marqué par deux étapes majeures : la première, c'est le moment où elle découvre qu'elle est enceinte, la seconde a lieu à trois mois de grossesse, lorsque les risques de fausse couche et de malformation du fœtus deviennent nettement plus faibles.

Quelles qu'en aient été les modalités pratiques, vous venez de vivre – consciemment ou non – l'un des instants les plus importants de votre vie. Entre 1,5 et 3 millions de vos spermatozoïdes sont parvenus autour de l'ovule de votre femme. L'un d'entre eux a transformé l'essai et réussi à traverser la membrane qui protège la cellule féminine. L'ovule a été fécondé, la première division cellulaire a eu lieu. Plop, plop, plop… C'est le début de la vie… et d'une aventure qui dépasse votre imagination.

48 heures après la fécondation, le corps féminin fabrique une protéine qui évite le rejet de l'œuf par le système immunitaire. Vu de l'extérieur, rien n'a changé. Votre femme se comporte normalement, du moins pour le moment. Mais pendant que vous regardez tranquillement la télévision, des processus fascinants se déroulent à l'intérieur de son corps.

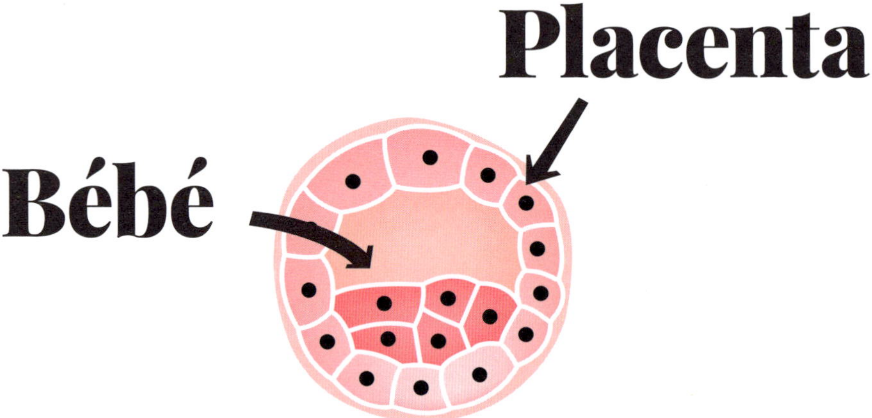

Des divisions cellulaires s'effectuent, puis l'œuf, désormais appelé blastocyste, se creuse d'une cavité centrale. Les cellules qu'elle abrite vont se différencier de celles qui l'encerclent en périphérie : les premières formeront l'embryon, les secondes constitueront plus tard le placenta (voir « De l'œuf au poussin », page 105). Six à douze jours après la fécondation, le blastocyste sécrète l'hormone HCG (hormone chorionique gonadotrophine), qui provoque l'interruption du cycle menstruel.

La Maman – semaine 4

L'hormone HCG déclenche la production de progestérone, qui favorise à son tour la croissance de vaisseaux sanguins dans la paroi utérine afin de permettre la nidation de l'œuf. Elle provoque aussi des maux caractéristiques de la grossesse, comme les nausées matinales. À partir de ce moment-là, un test de grossesse peut détecter la présence de cette hormone et révéler que votre femme est enceinte.

Le suivi de la grossesse

La grossesse est ponctuée de différents examens prénataux et de consultations médicales. Voici quelques étapes importantes.

Les professionnels de la grossesse

Le suivi de la grossesse peut être fait, au début, par le médecin traitant ou par un gynécologue, puis par un gynécologue obstétricien. Ce dernier s'occupe plus particulièrement de tout ce qui concerne la grossesse et il est aussi médecin accoucheur. Lorsque votre femme consultera à l'hôpital ou à la clinique où elle a fait le choix d'accoucher, elle sera également prise en charge par une sage-femme, chargée de la préparation à l'accouchement et de la surveillance de la mère et de l'enfant après la naissance. Aujourd'hui, les sages-femmes peuvent aussi assurer le suivi des grossesses normales. En revanche, en cas de risques particuliers (hypertension, diabète, grossesse multiple, menace d'accouchement prématuré), la surveillance est assurée par l'obstétricien.

La première consultation prénatale

Il y a sept consultations obligatoires pour la maman, réparties sur toute la durée de la grossesse. La première a lieu avant la fin du troisième mois. Ne la manquez sous aucun prétexte, ce sera un signe positif de votre engagement auprès de votre femme dans cette belle aventure qui consiste à donner la vie.
Le médecin va vous poser à tous les deux des questions personnelles.
Dans votre cas, il s'agit de vérifier si vous avez les qualités requises pour le poste : y a-t-il des antécédents de diabète, de maladies pulmonaires ou cardiovasculaires dans votre famille? Souffrez-vous de troubles psychologiques? C'est tout juste si on ne vous demande pas comment vous voyez votre rôle de père… Vous aurez droit à des conseils sur l'alimentation de votre femme et à des explications sur le développement du bébé. On vous informera également sur le dépistage de la trisomie 21 (dosage des marqueurs sériques, échographie du premier trimestre, amniocentèse ou biopsie du placenta, dépistage prénatal non-invasif). Enfin, la maman se voit prescrire une prise de sang pour déterminer son groupe sanguin et son facteur rhésus, doser son taux de fer et dépister d'éventuelles maladies infectieuses.

Des consultations régulières

Après la visite du premier trimestre, votre femme va consulter tous les mois, même plus souvent à l'approche du terme (date prévue de l'accouchement). À chaque fois, le médecin s'assure qu'elle est en bonne santé, qu'elle se sent bien et que le développement du fœtus est satisfaisant. Il contrôle la tension artérielle de la maman, palpe la position du bébé dans l'utérus et écoute ses battements cardiaques. Quelle émotion de découvrir (dès la septième semaine) le cœur de son enfant sur l'écran de l'échographie et de l'entendre battre (à partir de 12 semaines) grâce à un capteur doppler !

Les échographies

La technique de l'échographie s'apparente à celle du sonar. L'appareil capte des ultrasons, inaudibles pour nous, qui résonnent dans le ventre de la femme enceinte et se matérialisent sur un écran en composant une image floue du bébé. Pour le papa, qui ne peut pas sentir la vie qui grandit en lui, l'échographie est un moment émouvant. Elle constitue un premier lien tangible avec son enfant.

Trois échographies sont recommandées : celle du troisième mois permet de prévoir le terme, de déterminer le nombre de fœtus et de mesurer la clarté nucale (voir page 16); celle du cinquième mois étudie la morphologie et la croissance du bébé; celle du huitième mois vérifie sa position dans l'utérus et localise le placenta. D'autres sont parfois nécessaires, par exemple si la maman perd du sang, si elle a de fortes douleurs abdominales, ou simplement par précaution. L'examen s'effectue dans un cabinet de radiologie, à la maternité ou directement chez le gynécologue s'il est équipé de l'appareil.

Le facteur rhésus

Les quatre groupes sanguins A, B, O et AB se combinent avec un facteur rhésus positif (Rh+) ou négatif (Rh-). Les groupes A+ et O+ sont les plus répandus, B- et AB- les plus rares. Seulement 18 % de la population française est de rhésus négatif.

Si la maman est de rhésus négatif et le bébé de rhésus positif, il faut prendre certaines précautions. En effet, un éventuel passage du sang fœtal dans celui de la mère entraîne chez celle-ci la production d'anticorps contre les globules rouges du bébé, ce qui peut être dangereux pour lui.

Pour prévenir ce risque, on injecte aux femmes enceintes de rhésus négatif des immunoglobulines anti-D (antirhésus). Si, à la naissance, l'analyse du sang contenu dans le cordon ombilical montre que le nouveau-né est de rhésus positif, on fait à la maman une nouvelle injection pour éviter tout problème lors de la grossesse suivante. Si le rhésus du bébé est négatif, cette précaution n'est pas nécessaire.

Clarté nucale et marqueurs sériques

Aujourd'hui, plusieurs examens prénataux permettent de dépister d'éventuelles anomalies chez le bébé. Lors de l'échographie du troisième mois, le médecin mesure la clarté nucale, une petite poche située au niveau de la nuque du fœtus. Par ailleurs, une analyse de sang effectuée autour de la quatorzième semaine permet de doser trois composants : c'est le triple test, également appelé dosage des marqueurs sériques. En associant la mesure de la clarté nucale et le taux de chaque marqueur, ainsi que l'âge de la future maman et le terme prévu, on peut évaluer les risques que le bébé soit atteint de trisomie 21. Quel que soit le résultat, n'oubliez pas qu'il s'agit là d'un risque statistique et non d'une certitude.

En France, on considère comme accru un risque supérieur à 1 sur 250. Dans ce cas, on vous proposera des examens plus approfondis (amniocentèse, parfois biopsie du trophoblaste, la couche cellulaire qui entoure l'œuf).

L'amniocentèse

L'amniocentèse ne peut s'effectuer qu'à partir de la quinzième semaine, lorsque le liquide amniotique est en quantité suffisante. Le médecin passe une fine aiguille à travers la paroi abdominale de la maman et prélève un peu de ce liquide. L'analyse du prélèvement permet de dépister des anomalies chromosomiques ou génétiques, ainsi que d'éventuelles maladies métaboliques et malformations de la moelle épinière (spina-bifida) ou du crâne (anencéphalie). L'amniocentèse n'est pas totalement sans risque : elle peut entraîner une fausse couche dans 0,5 à 1 % des cas. On peut la remplacer par un DPNI (diagnostic prénatal non-invasif) : une analyse d'ADN fœtal dans le sang maternel, qui ne nécessite qu'une simple prise de sang.

La biopsie du placenta

Également appelée analyse du trophoblaste, la biopsie du placenta présente l'avantage de pouvoir être pratiquée dès la dixième semaine, mais aussi l'inconvénient d'être moins fiable que l'amniocentèse. Le gynécologue prélève avec une aiguille un petit fragment de placenta, qui est mis en culture pour permettre l'analyse des chromosomes et de l'ADN. Lorsque cette biopsie révèle une aberration chromosomique, il existe une probabilité de 1 % que cette anomalie ne concerne que le placenta et non le bébé. Il faut donc procéder à une amniocentèse pour en avoir le cœur net. Le risque de fausse couche lié à l'analyse du trophoblaste, identique à celui de l'amniocentèse, est de 0,5 à 1 %.

Pour en savoir plus, voir le site de la Sécurité sociale :
http://www.ameli.fr/fileadmin/user_upload/documents/guide_maternite.pdf

Le Bébé – semaine 5

L'embryon mesure de 1,5 à 2,5 millimètres. Il est formé de trois couches de cellules : l'ectoblaste, qui constituera le cerveau, le système nerveux, la peau et les ongles (voir « Le développement du cerveau » page 79), l'endoblaste, qui est une préfiguration des appareils respiratoire et digestif, et le mésoblaste, qui donnera naissance au cœur, aux vaisseaux sanguins, aux nerfs et aux muscles. Trois semaines après la fécondation, le cœur du bébé commence à augmenter de volume et il bat déjà.

C'est souvent le moment où votre femme achète un test de grossesse en pharmacie. Ne vous étonnez pas si elle pousse un cri en découvrant le résultat : elle est folle de joie, ou désemparée, ou les deux à la fois. Quant à vous, vous êtes stupéfait et ne savez plus quoi dire. Votre cerveau se met subitement à l'arrêt. Pour vous donner une contenance, vous arpentez la pièce ou vous allez chercher quelque chose à boire pour fêter l'événement. Mais une fois dans la cuisine, vous avez oublié ce que vous étiez venu faire. Ou alors vous allez peut-être embrasser fougueusement votre femme, ou plus : il faudra lui expliquer que les hommes ont souvent du mal à trouver les mots pour exprimer leurs émotions et qu'ils les traduisent par des contacts physiques. Il ne faut pas qu'elle prenne ce silence pour de l'insensibilité. Le résultat de ce test devra toutefois être confirmé par une prise de sang prescrite par le médecin.

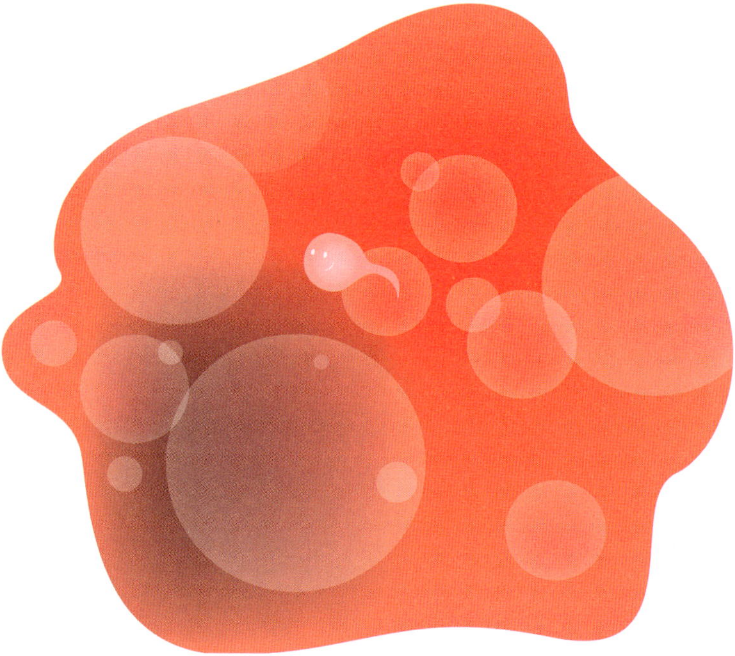

Vous ne pouvez pas encore le voir, heureusement, sinon vous vous demanderiez si cet embryon de 5 millimètres est bien de vous. Avouons qu'à ce stade, il ressemble plus à un têtard enroulé sur lui-même qu'à son papa. Pourtant, ses membres, ses yeux et ses oreilles s'ébauchent déjà en toute discrétion.

Vous aviez pensé inviter à l'improviste des amis à dîner ? Ne prenez pas seul cette décision. Car pendant neuf mois, une fatigue intense s'empare de la femme enceinte. La vie s'arrête souvent à huit heures du soir, car elle est épuisée en fin de journée. Votre femme appréciera que vous vous adaptiez à son nouveau rythme : soirée tranquille sur le canapé et au lit avec les poules ! Pour ne pas gâcher l'ambiance, efforcez-vous de rentrer tôt du travail. Veillez aussi à ce qu'elle se nourrisse sainement. Demandez-lui si elle prend de l'acide folique et de la vitamine D, qui contribuent au bon développement du fœtus. La vitamine D prévient aussi la décalcification chez la maman (attention, son excès peut être nocif, suivez les conseils du médecin). De plus, poser ce genre de questions lui montre que vous vous sentez concerné.

Le Bébé – semaine 7

À ce stade, l'embryon mesure entre 7 et 9 millimètres. Le gentil têtard de la semaine dernière se rapproche peu à peu d'un vrai bébé, un peu bizarre peut-être, mais doté de bras, de jambes et d'une grosse tête carrée. Ses doigts se dessinent, bien que ses mains et ses pieds s'apparentent encore à des palmes. Son nez et ses organes digestifs (œsophage, estomac et intestins) se construisent. Grâce à la formation de ses fibres musculaires, Bébé découvre le sens du mot « bouger ».

Si vous avez un chat, vous voilà promu « Responsable en chef de la litière ». En effet, les déjections de Minet risquent de contenir le toxoplasme, le parasite responsable de la toxoplasmose. Si c'est vous qui changez la litière et si vous vous lavez bien les mains après, il n'y a aucun problème. De toute façon, habituez-vous à vous occuper de lui, car la relation entre une femme et son chat évolue souvent à la naissance d'un bébé : l'animal descend dans l'ordre des priorités. Par ailleurs, le toxoplasme peut également contaminer la viande crue : finis les steaks tartares et les rosbifs saignants. Il vaut mieux également que la maman évite de consommer du foie (qui contient trop de vitamine A) et des fromages au lait cru (qui abrite parfois la bactérie listeria).

Le Bébé – semaine 8

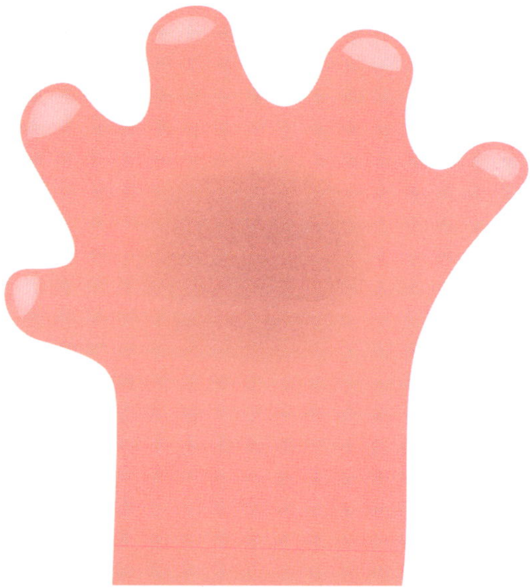

L'embryon mesure 1 cm, soit la taille d'un escargot. Sa colonne vertébrale se redresse légèrement. Son cerveau se développe à grande vitesse. On distingue maintenant ses bras, ses jambes et l'ébauche de ses doigts. Il a déjà des réactions réflexes.

Si ce n'était pas le cas jusque-là, il y a de fortes chances que votre femme commence à avoir des nausées et d'autres désagréments caractéristiques. Le matin surtout, elle peut se sentir mal, saigner du nez, vomir ou souffrir de maux de tête. Son état s'améliore généralement dans le courant de la journée. À vous de prendre soin d'elle : encouragez-la à boire beaucoup et à prendre un petit-déjeuner léger même si elle a mal au cœur : cela aide souvent à atténuer les symptômes. La constipation fait aussi partie des maux classiques de la grossesse. Si, en revanche, la maman se sent parfaitement bien, inutile de s'inquiéter : c'est le cas d'une femme enceinte sur cinq à cette étape de la gestation.

6

Qu'est-ce que la vie ?

Il arrive que les femmes enceintes ne supportent plus le moindre désordre. Or, pour un homme, le désordre est souvent synonyme de convivialité et de vie. Prenons le temps de réfléchir à ce qu'est vraiment « la vie ».

Le désordre

L'une des plus grandes lois de la physique peut se résumer de la manière suivante : quoi qu'il arrive, le désordre s'amplifie toujours. Prenons l'exemple d'un glaçon en train de fondre. Ses molécules d'eau, d'abord bien rangées l'une à côté de l'autre, se séparent, s'agitent, se mettent à tourbillonner et le tout finit par dégouliner. Évidemment, il est plus facile de jeter un glaçon dans l'évier que d'essuyer une flaque d'eau.

Le congélateur

Vous me direz qu'on peut faire l'opération inverse et placer un verre d'eau au congélateur pour en faire de la glace et restaurer l'ordre qui a été perturbé ? C'est vrai, mais le volume net de désordre va néanmoins s'accroître : la chaleur émise à l'arrière de l'appareil met en mouvement les molécules d'air. Le désordre qui en résulte est donc plus important que celui qui disparaît quand l'eau du verre gèle.

La tasse à café

Autre exemple : la tasse à café. L'objet se casse quand il tombe. Si vous voyez des débris de porcelaine voler l'un vers l'autre et reconstituer une tasse toute neuve, c'est que vous avez appuyé sur la touche « lecture arrière » du lecteur de la vidéo. En mode « lecture avant », la catastrophe est irrémédiable. Comme les choses se cassent facilement et ne se recollent pas d'elles-mêmes, le désordre dans le monde ne fait qu'augmenter.

De l'ordre dans le désordre

La vie, elle, se joue de cette loi physique. Elle crée des oasis d'ordre temporaire en plein désert de chaos. En effet, un être vivant est capable d'interrompre momentanément la progression du désordre, et même de l'enrayer. Ainsi, des fragments de calcaire composent un coquillage, la terre et l'air donnent naissance à une feuille d'arbre. Pour lutter contre son propre déclin, un être vivant met de l'ordre dans son corps, en réparant ses égratignures, en renouvelant sa masse musculaire, en créant de nouvelles connexions cérébrales. Quand les astronomes scrutent l'espace en quête de vie extraterrestre, ils recherchent la zone d'ordre qui en sera l'indice.

L'ordre, c'est la vie

Mais conformément à cette loi de la nature, les êtres vivants aggravent le chaos extérieur plus vite qu'ils ne réduisent leur désordre intérieur. Comme le congélateur, nous émettons de la chaleur dans notre environnement. Nous mangeons aussi de la matière ordonnée par un autre être vivant et rejetons de la matière désordonnée. La belle pomme que nous croquons est évacuée sous une forme beaucoup moins plaisante ; ainsi, tout bien considéré, le désordre continue de s'étendre, mais pas toujours à notre détriment.

C'est pourquoi il est important d'avoir une maison en ordre, pour en faire la partie intégrante de notre organisme vivant et non celle du monde extérieur, agressif, déclinant et poussiéreux. Là où règne l'ordre règne la vie. D'accord, faire le ménage amplifie aussi le désordre sur la planète (produits de nettoyage, déchets, pollution), mais ça c'est une autre histoire !

Pour en savoir plus : *Qu'est-ce que la vie ?*, d'Erwin Schrödinger, Seuil, 1993.

Le Bébé – semaine 9

L'embryon mesure maintenant 2 centimètres et pèse 2 grammes. Sa tête s'arrondit, ses membres s'allongent, avec à leur extrémité l'ébauche des doigts et des orteils. Les genoux apparaissent. L'éminence caudale (la petite queue embryonnaire dont notre coccyx est le vestige) disparaît peu à peu.

C'est une période souvent difficile pour elle. Irritable, stressée, elle s'inquiète beaucoup. Que lui réserve l'avenir? Vous remarquez peut-être qu'elle vous observe de temps en temps d'un air apitoyé. Bien qu'elle ne l'exprime pas à haute voix, il est possible qu'elle se dise : « Le pauvre ! Il n'a aucune idée de ce qui l'attend. Il est incapable de ranger ou d'organiser quoi que ce soit et il croit que tous les problèmes se règlent d'eux-mêmes. » Si vous constatez que son niveau de stress augmente chaque fois qu'elle vous regarde, proposez-lui une promenade. Le stress est nocif pour elle (voir « Stress et grossesse » page 92) et la marche a un effet relaxant. En outre, elle doit continuer d'avoir une activité physique régulière. Autre avantage, la plupart des hommes parlent plus facilement en marchant. Essayez de la rassurer avec des paroles apaisantes, qui amélioreront sa confiance en vous tout en calmant son stress.

L'embryon mesure environ 3 centimètres et pèse 2 grammes. Il grandit désormais de 1 centimètre par semaine. Ses bras et ses jambes s'allongent, la membrane interdigitale qui réunissait ses doigts et ses orteils disparaît. Sa cage thoracique et sa cavité abdominale sont séparées par le développement du diaphragme, qui joue un rôle essentiel dans la respiration.

Autant le dire tout de suite : vous êtes descendu dans la hiérarchie. Pour parler plus clairement, ce que vous pensez, ressentez et souhaitez a dorénavant moins d'importance. Le matin, dès qu'elle pose le pied au sol et jusqu'au moment du coucher, votre femme ne vit plus que pour le petit être qu'elle porte. Quand, au cours du dîner, vous lui racontez votre journée, elle n'écoute qu'à moitié, elle a la tête ailleurs, avec son bébé. Certes, il n'y a rien d'agréable à parler dans le vide, mais le moment est mal choisi pour vous plaindre. Travaillez donc votre aptitude à l'empathie. Je sais, ce n'est pas votre point fort, vous êtes un homme après tout, mais faites un effort. Habituez-vous dès maintenant à ne plus être le principal centre d'intérêt de votre chère et tendre épouse.

Vous pouvez désormais l'appeler « fœtus ». Ses yeux, sa bouche et son nez sont maintenant bien développés et forment un vrai visage. La petite crevette est devenue un être humain miniature de 4 centimètres et 7 grammes environ, qui possède tous les organes d'un adulte. Son estomac sécrète des sucs gastriques et ses reins fonctionnent. Ses articulations principales, comme les coudes et les genoux, commencent à prendre forme et il a déjà ses propres empreintes digitales.

Ne vous étonnez pas si elle agit parfois bizarrement. Elle mange des choses dont elle avait horreur et déteste des produits dont elle était friande. En fin de repas, elle n'a même plus envie du carré de chocolat dont elle raffolait avec son café. Ne cédez pas à la paranoïa : vous n'êtes pas dans un film de science-fiction où des extra-terrestres auraient remplacé votre femme par un clone. Il est normal qu'une future maman se comporte anormalement. La faute aux hormones !

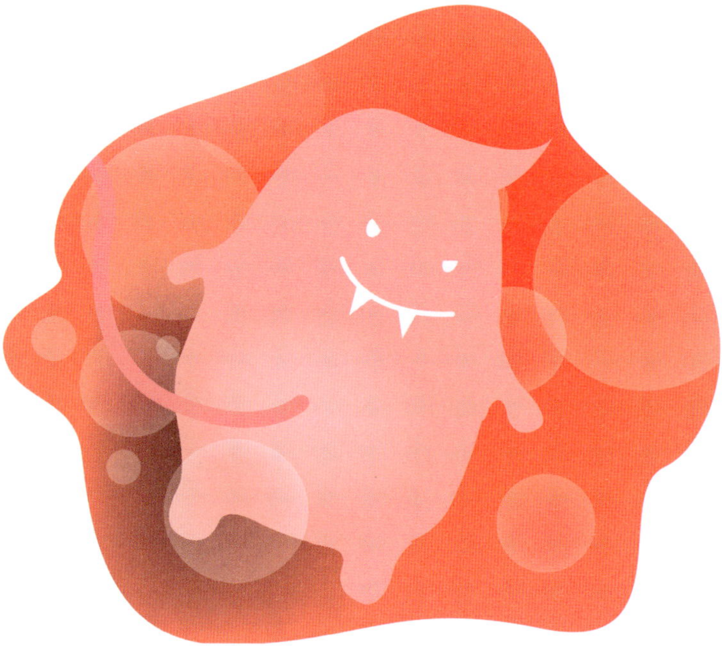

Le fœtus mesure 6 centimètres. Ses yeux, jusqu'ici situés sur les côtés de la tête, se déplacent vers l'avant et ses oreilles se forment sur les côtés. Des cheveux poussent sur son crâne et de petits ongles apparaissent au bout des doigts. Au cœur de ses gencives, les dents s'ébauchent.

La Maman – semaine 12

À partir de maintenant, on peut entendre le cœur du bébé à l'aide d'un capteur à ultrasons. Essayez d'accompagner votre femme chez le médecin, elle a certainement envie de partager avec vous ce grand moment d'émotion, signe qu'un petit être courageux se prépare à venir au monde… Un cœur qui bat bien indique aussi que le risque de fausse couche a nettement diminué. Ne vous inquiétez pas si, pendant la consultation, vous ne savez pas comment réagir aux paroles du médecin : c'est normal. Mais cela ne veut pas dire que vous ne servez à rien. Au contraire : écoutez attentivement ce qu'il explique à la maman, car il est possible que celle-ci, avec sa tête dans les nuages, ait tout oublié en sortant. Et là, quelle fierté de pouvoir tout lui répéter !

ADN, gènes et chromosomes

Vous savez sûrement ce qu'est un chromosome. « C'est un facteur génétique qui détermine si mon enfant va avoir les yeux bleus ou marron. Euh, c'est bien ça ? » Par précaution, voici un petit rappel sur le sujet.

Nous sommes composés de 10 à 100 billions (mille milliards) de cellules. Qu'elle soit cutanée, hépatique ou cérébrale, une cellule est formée d'une membrane, sorte de sac qui l'enveloppe, et d'un noyau, son centre nerveux. L'eau dont elle est remplie contient des sels, des graisses, des glucides et des protéines. On peut comparer la cellule à une usine microscopique dont les machines et les ouvriers seraient les protéines. Le corps humain comprend plus de 50000 types de substances protéiques différentes, par exemple la kératine, qui constitue les cheveux et la peau, ou l'hémoglobine, qui fixe l'oxygène.

Toutes les protéines sont composées d'acides aminés dont il existe vingt variantes (tyrosine, arginine, glycine, glutamine, etc.). De la même façon qu'on peut construire une multitude de camions de pompiers, de maisons et d'arbres à partir de quelques modèles de briques Lego®, ces vingt acides aminés permettent de fabriquer, à l'intérieur d'une cellule humaine, des protéines aux formes et aux fonctions multiples.

Un plan de fabrication précis

La construction des tissus humains ne se fait pas n'importe comment. La molécule d'ADN (acide désoxyribonucléique) contenue dans le noyau de chaque cellule de notre corps synthétise, selon un plan de fabrication bien précis, l'architecture du vivant. Cette molécule ressemble à une longue échelle de corde enroulée en torsade comme le cordon des anciens téléphones. Les montants de l'échelle sont faits de substances que les chimistes appellent désoxyribose et phosphates. Les échelons qui relient les montants entre eux sont composés de deux moitiés parfaitement adaptées l'une à l'autre et formées de quatre unités de base : la thymine (T), l'adénine (A), la cytosine (C) et la guanine (G). Si l'on sépare les deux moitiés de chaque échelon, on constate que l'une est le complémentaire de l'autre. On peut donc utiliser la moitié d'une molécule d'ADN comme une matrice pour fabriquer l'autre moitié.

Essayez de visualiser, comme pour les acides aminés, des briques Lego® qui s'emboîtent, à la différence qu'ici, il n'y a que deux combinaisons possibles : la thymine ne peut s'accrocher qu'à l'adénine (TA), la cytosine qu'à la guanine (CG).

Le bon ordre

L'ordre des acides aminés n'est jamais aléatoire. On exprime sous la forme d'une suite de lettres la façon dont ils se combinent. Par exemple, le message codé ATGTACCGTGGATAA, qui représente le plan de fabrication d'une protéine simple, signifie :

ATG : début
TAC : prendre l'acide aminé tyrosine
CGT : prendre l'acide aminé arginine
GGA : prendre l'acide aminé glycine
TAA : fin

On appelle gène cette séquence d'ADN qui correspond à la formule de fabrication d'une protéine donnée.

À la queue leu leu

Si on compare l'ADN à un disque laser sur lequel sont gravées des valeurs binaires 0 et 1, les protéines représentent la musique diffusée lors de la lecture du CD. À ceci près qu'une molécule d'ADN n'est pas un disque, mais une double hélice de deux mètres de long. Pour éviter qu'elle ne s'emmêle, elle est empaquetée dans des protéines spéciales : l'ensemble est appelé chromosome. L'empaquetage du chromosome permet aussi

de ne pas activer tous les gènes en même temps et au même endroit. En effet, chaque type de cellule n'utilise que certains segments d'ADN. Le gène des yeux bleus, par exemple, reste bien empaqueté dans une cellule musculaire, mais s'ouvre dans une cellule oculaire. Les protéines déroulent alors momentanément le segment spécifique d'ADN pour qu'il soit copié. Cette transcription porte le nom d'ARN messager ou ARNm, qui transporte l'information vers les ribosomes. Celles-ci déchiffrent le code inscrit dans l'ARNm pour synthétiser les protéines et les rendre efficientes.

Les paires de chromosomes

En principe, un être humain possède 46 chromosomes répartis en 23 paires, chacune composée d'un chromosome issu du père et d'un chromosome issu de la mère. Dans 22 de ces paires, les deux chromosomes sont identiques : ce sont les autosomes, numérotés par ordre décroissant de longueur, le plus long étant appelé chromosome 1, le plus court chromosome 22. La 23e paire réunit les chromosomes sexuels, désignés par X et Y. Elle est formée de deux chromosomes X chez la fille, l'un hérité de son père et l'autre de sa mère. Le garçon, lui, possède une paire XY, la seule dont les deux éléments n'aient pas la même longueur.

T'as de beaux yeux, tu sais !

Comme la plupart des chromosomes, les gènes vont par paires. Il existe donc un plan de fabrication double pour chaque protéine, l'un provenant du père et l'autre de la mère. Ainsi, un homme de groupe sanguin A et une femme de groupe B peuvent avoir des enfants dont le groupe est AB. Pour la couleur des yeux : un enfant qui hérite d'un gène yeux bleus (B) et d'un gène yeux marron (M) aura les yeux marron, car le gène de cette

couleur est dominant. Quand les deux parents possèdent les gènes B et M, et ont donc les yeux marron, ils transmettent à leur enfant les gènes MM, BM ou BB. Dans les deux premiers cas, l'enfant aura les yeux marron, dans le dernier cas, ils seront bleus.

Et les daltoniens ?

L'existence de deux protéines quasi identiques pour chaque fonction assure une certaine protection : si jamais le gène de l'un des parents présente une anomalie, celle-ci est souvent compensée par le gène de l'autre parent.
Mais pas toujours. Comme on l'a vu, les hommes possèdent une paire de chromosomes non symétrique : la paire XY. Le chromosome Y ne joue pas un grand rôle : beaucoup plus court que le chromosome X, il ne contient que des gènes associés à la production de testostérone. Chez l'homme, il n'y a donc aucun rattrapage possible pour les anomalies du chromosome X, ce qui entraîne forcément des conséquences.
Exemple : le daltonisme, anomalie de la vue entraînant le plus souvent une confusion entre le rouge et le vert, touche, pour la raison énoncée ci-dessus, beaucoup plus souvent les hommes que les femmes.
Lorsqu'on parle d'anomalie chromosomique dans le contexte de la grossesse, on fait généralement allusion à la présence de trois chromosomes 21, au lieu de deux : c'est la cause de la trisomie 21, ou syndrome de Down.

2e trimestre

Une période intense s'annonce ! Pour la future maman, comme pour vous. Votre femme est en effervescence. Elle a de belles joues roses, de l'énergie pour trois, et mille projets en tête.

Le fœtus mesure 8 centimètres et pèse 23 grammes. Ses fonctions sensorielles se développent. Si l'envie lui en prend, il peut remuer ses doigts qui ne sont encore que de la taille d'un grain de riz. Il passe des heures à toucher son visage et son réflexe de succion se met en place : il tète déjà son pouce ! Avec ses papilles et son nez tout neufs, Bébé fait ses premières expériences gustatives et olfactives.

La plupart des femmes enceintes attendent le début du deuxième trimestre pour annoncer la grande nouvelle à leur entourage. Elles papotent au téléphone pendant des heures avec les copines : vous savez bien qu'elles ne communiquent pas de la même façon que nous. La version masculine du dialogue donnerait quelque chose comme : « Hé ! Salut, je suis enceinte. » « Oh, félicitations ! » Entre femmes, on étoffe la conversation.
Vous trouvez ces bavardages inutiles ? Pourtant, ces échanges sont beaucoup plus profonds qu'il n'y paraît et touchent à des questions intimes. Elles s'interrogent : qui sont mes véritables amies ? Sur qui puis-je vraiment compter ? Qui partage les mêmes émotions que moi ? Les zones cérébrales qui régissent leur intelligence émotionnelle et sociale tournent à plein régime. Pour beaucoup d'hommes, ces notions restent nébuleuses. Dites-vous simplement que ces conversations lui font du bien.

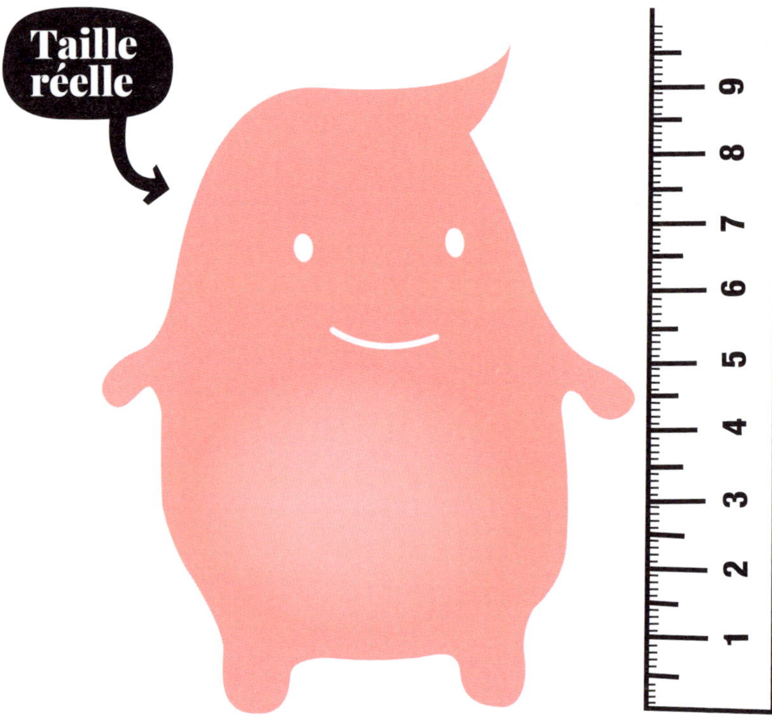

Bien que les déchets de son organisme sont pour la plupart évacués par le cordon ombilical, le fœtus (9 centimètres, 28 grammes) commence à uriner dans le liquide amniotique. Heureusement, c'est du pipi d'ange. Bébé s'entraîne à respirer en inspirant et en expirant le fluide qui l'entoure. Comme son cerveau se développe très vite, sa tête représente la moitié de sa longueur totale.

Si votre femme est encore sujette aux nausées et aux fluctuations d'humeur, tout cela devrait s'arranger rapidement. Mais ne vous estimez pas heureux pour autant : elle risque de se métamorphoser en chef de chantier. Et si on refaisait la cuisine ? Et si on transformait le bureau en chambre pour le bébé ? Aménageons le jardin ! Rangeons le garage ! Inutile de lutter, mieux vaut coopérer. Vérifiez aussi que la maman mange sainement et en quantité suffisante. Elle a souvent plus d'appétit qu'auparavant. Le plat est vide et elle regarde votre assiette d'un air affamé ? Donnez-lui un peu de votre part, mais sachez qu'elle ne doit pas manger pour deux, seulement se nourrir deux fois mieux, selon l'adage bien connu.
Par ailleurs, enveloppez-la dans une bulle de bonheur : achetez-lui des magazines qui la mettront de bonne humeur, préparez-lui un bain moussant qui la délassera. Tant pis si pendant neuf mois il vous faut regarder les chaînes d'infos et de sport en cachette : une femme enceinte n'a pas envie d'entendre parler de guerres, de scandales politiques ou de matches truqués. Si elle préfère se détendre devant des émissions de divertissement ou des comédies romantiques, soyez conciliant !

Le petit acrobate (10 à 12 centimètres) commence à faire des pirouettes. Ses reins continuent à se développer. Son corps se couvre d'un fin duvet et rattrape un peu son retard par rapport au volume de la tête.

Une femme enceinte ne doit boire aucune boisson alcoolisée. Quand vous sortez avec des amis, les plaisanteries qui vous font rire après votre deuxième bière la laisseront probablement de marbre. Vous penserez que la grossesse l'a changée, mais ce n'est pas la seule raison. Pour comprendre son point de vue, faites l'expérience, au cours d'une soirée, de ne boire que du jus d'orange. Il y a des chances que vous aussi vous sentiez un peu décalé dans l'atmosphère joyeuse de vos amis. Par ailleurs, elle voudra peut-être rentrer tôt, n'attendez pas qu'elle craque et négociez avec elle l'heure de départ, n'oubliez pas qu'elle a besoin de repos.

Son visage est bien formé et Bébé (15 centimètres) en profite pour faire des grimaces, même s'il ne s'en rend pas compte. Ses sourcils commencent à pousser et il distingue maintenant la lumière de l'obscurité.

J'ai une bonne et une mauvaise nouvelle. La bonne : votre femme commence à sentir Bébé bouger. La sensation qu'elle éprouve ressemble un peu à un gargouillis intestinal qui ne ferait pas de bruit. La mauvaise nouvelle : de petits maux font parfois leur apparition, mal au dos, vertiges, doigts et chevilles enflés… Si c'est le cas, achetez-lui une bouillotte douillette ou un coussin de noyaux de cerises à chauffer au four à micro-ondes et faites-lui des massages, ils lui feront le plus grand bien.
Ne vous étonnez pas si votre voisine de lit se lève en pleine nuit et se précipite vers le réfrigérateur pour dévorer du saucisson, des cornichons ou des fraises avec du fromage. Ces envies bizarres ne sont pas dangereuses pour le bébé. Ne les voyez pas comme des caprices, elles correspondent souvent à des besoins réels, suscités par les modifications hormonales. Et cette semaine, pensez à prendre rendez-vous pour l'échographie du cinquième mois.

?
US

Né d'une étoile

«Je suis né(e) d'une étoile!»
Que diriez-vous de cette phrase sur le faire-part de naissance? Non seulement elle est belle, mais en plus elle s'appuie sur une vérité scientifique.

Le faire-part de naissance, ce n'est pas vraiment votre domaine. Pas facile de trouver un joli texte sans tomber dans le cliché : « Notre petite merveille est née. » « Un rayon de soleil vient d'illuminer notre cœur. » Mais vous serez bien obligé de participer au brainstorming. Mieux encore : la future maman espère secrètement que vous apporterez une contribution poétique et spirituelle. Vous pensez plutôt à quelque chose comme : « Les ennuis commencent » ou « Ce n'est pas cette année que Papa se remettra au foot ». Vous trouvez ça drôle, vos copains aussi, mais les femmes n'ont pas toujours le sens de l'humour quand il s'agit d'annoncer la venue au monde de leur enfant.

La solution

Heureusement, il y a une solution à votre problème. Muni de quelques notions d'astronomie, vous pourrez inventer un texte à la fois intelligent, poétique et scientifiquement exact. Même les femmes enceintes applaudiront. Exemples :

« Je suis né(e) d'une étoile ! »
ou encore
« 100 % poussières d'étoiles ! »

Poussières d'étoiles ? Oui, vous avez bien lu. Les étoiles sont à l'origine de tout ce qui nous entoure. Tout ce qui se trouve sur Terre est composé de l'un des 92 éléments du milieu naturel, comme l'hydrogène, l'oxygène, l'azote, le fer ou l'or. Ces unités de base de la matière sont apparues il y a des centaines de millions d'années, lors du big bang qui a présidé à la naissance de l'univers, qui s'est matérialisé par l'explosion d'une énorme boule de feu, une étoile au moins huit fois plus grosse que notre Soleil.

In the beginning...

Dans les instants qui ont suivi le big bang, l'univers a été plongé dans l'obscurité la plus totale. Il s'est rempli de nuages d'hydrogène. Cet élément chimique, le plus simple de tous, est constitué d'un proton chargé positivement autour duquel gravite un électron portant une charge négative.

Sous l'effet de la gravité, ces nuages d'hydrogène se sont concentrés, sont devenus compacts et sphériques. Après quelque temps, la pression à l'intérieur de ces sphères a été si forte que les atomes d'hydrogène ont fusionné entre eux pour former des atomes d'hélium. Cette réaction est appelée fusion nucléaire. L'hélium est l'élément le plus simple après l'hydrogène. On peut le décrire comme la somme de deux atomes d'hydrogène.*

* En réalité, il faut quatre atomes d'hydrogène pour former un atome d'hélium, mais c'est un peu trop long à expliquer ici.

Le principe de la fusion nucléaire est simple : imaginez deux billes qu'on presserait si fort l'une contre l'autre qu'elles n'en formeraient plus qu'une. Ce qui est incroyable, c'est que le gros calot qui résulte de l'opération est plus léger que les deux billes de départ. Pourquoi ? Parce que la combinaison des atomes d'hydrogène en atomes d'hélium entraîne la disparition d'une certaine masse de matière, qui se transforme en énergie, selon la célèbre équation d'Einstein :

$$E = mc^2$$

E représentant l'énergie, **m** la masse et **c** la vitesse de la lumière (quelque 300000 kilomètres par seconde). Cette vitesse au carré (c^2) donne un nombre vertigineux. On peut donc produire beaucoup d'énergie à partir d'une masse relativement faible. L'énergie issue de la transformation de l'hydrogène en hélium est libérée sous forme d'ondes électromagnétiques (lumière et rayons gamma) : c'est la naissance de la lumière !

Élémentaire, mon cher Watson !

Une étoile est donc une boule d'hydrogène gazeux dont les couches superficielles compriment les plus profondes. La pression interne devient si forte qu'elle crée une sorte de bombe H explosant en permanence à l'intérieur du nuage et repoussant l'hydrogène vers l'extérieur : cette sphère lumineuse, en équilibre entre la gravité et les pressions centrales, est appelée étoile, ou soleil quand elle est au centre d'un système. Lorsque l'hydrogène présent au cœur de l'étoile s'épuise, de nouvelles fusions nucléaires se mettent en route, entraînant la combinaison des atomes d'hélium en éléments plus lourds, et ainsi de suite jusqu'à la synthèse de l'élément fer (numéro atomique 26), le plus stable de la création. Les éléments plus lourds, tels que l'or (79) ou le plomb (82), ne peuvent être obtenus à partir d'une fusion nucléaire.

Les supernovae

Quand du fer se forme au cœur d'une étoile, c'est pour elle le début de la fin. Le gros moteur stellaire est en surchauffe. La pression centrale disparaît et la boule de gaz s'effondre sur elle-même sous l'effet de la gravité. Après des frictions et des processus liés à la mécanique quantique et à la gravité, une telle énergie est libérée et l'étoile explose. Si sa masse est plus de huit fois supérieure à celle du Soleil, l'explosion est appelée supernova et provoque la synthèse d'éléments plus lourds, comme l'or et le plomb. Il subsiste un nuage sombre formé de gaz et de débris, qui contient les 92 éléments observés sur Terre en milieu naturel.
Notre système solaire est né de l'un de ces nuages. Regardez vos mains : le matériau qui a donné naissance à ces petits chefs-d'œuvre de la nature a été créé dans une étoile colossale, à côté de laquelle notre Soleil n'est qu'un maillon du système. Quand votre femme vous demandera si vous avez une idée pour le faire-part, vous pourrez donc lui faire ces deux propositions le plus sérieusement du monde :

« Né(e) d'une étoile ! » ou « 100 % poussières d'étoiles ! »

Parions qu'elle en restera bouche bée.

Et si vous voulez ajouter une note romantique à cet instant, offrez-lui un bijou et murmurez-lui à l'oreille : « et dans cet écrin, il y a une bague dont le métal s'est formé lui aussi lors d'une explosion stellaire de passion cosmique. » Pure vérité scientifique… du moins si la bague dans l'écrin est en or ou en argent !

Pour en savoir plus : *Poussières d'étoiles*, Hubert Reeves, Points Sciences, 1994.

Le Bébé – semaine 17

Le fœtus (17 centimètres, 100 grammes) entend les bruits forts, qui peuvent lui faire peur. Certaines mamans remarquent que le bébé répond à leurs éclats de rire ou à leurs éternuements par un coup de pied. Si votre femme ne perçoit pas encore ces mouvements, pas d'inquiétude : il faut parfois patienter quelques semaines de plus.

Votre femme a de belles joues rouges et une mine resplendissante. En effet, ses organes sont mieux irrigués pendant la grossesse. Oui, ceux auxquels vous pensez aussi. Avec un peu de chance, elle appréciera d'autant plus certaines caresses…

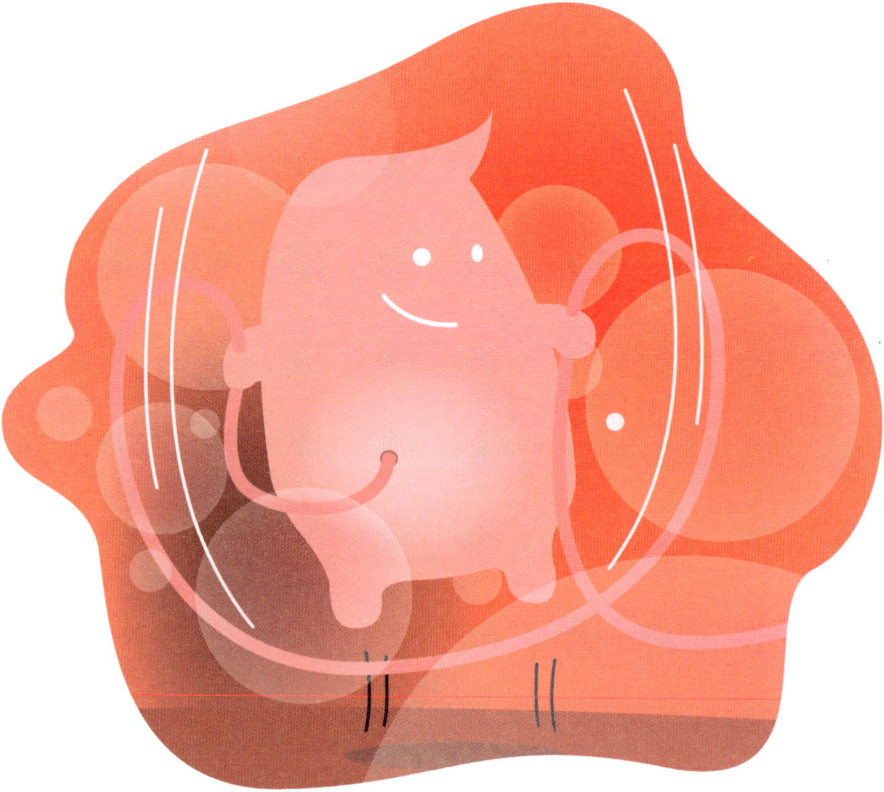

Il grandit vite, mesure environ 18 centimètres et pèse 160 grammes. Les proportions de sa tête et de son corps sont plus harmonieuses. Ses phases de veille et de sommeil sont plus régulières, mais il passe encore 16 heures par jour à dormir.

La Maman – semaine 18

À ce stade de la grossesse, la future maman souffre souvent de vertiges et d'essoufflement. Elle risque aussi de voir apparaître des taches pigmentaires sur le corps ou sur le visage : c'est le masque de grossesse. Dès les beaux jours, incitez-la à utiliser une crème solaire haute protection, et même un écran total. Et surveillez son nombril ! S'il n'est pas encore saillant, cela peut arriver d'un moment à l'autre : vous serez peut-être l'un des rares hommes à voir le nombril de sa femme sauter comme un bouchon de champagne !

Les proportions du fœtus (20 centimètres) sont maintenant celles d'un nouveau-né. Si c'est une fille, les ovaires et les ovules sont en formation.

Le ventre de votre femme durcit soudainement ? Ces contractions, parfois désagréables, ne sont pas douloureuses. Elles sont causées par la constriction de l'utérus et des muscles qui l'entourent et n'ont rien d'inquiétant si elles ne sont pas permanentes. Rassurez la maman, mais sans prendre le ton de Monsieur-Je-Sais-Tout pour ne pas l'agacer.

Il mesure environ 22 centimètres. Sa peau, formée d'une couche externe (l'épiderme) et d'une couche interne (le derme), est protégée par un enduit protecteur appelé « vernix caseosa ». Si c'est une fille, elle a déjà un vagin et un utérus.

C'est autour de cette date qu'a lieu la deuxième échographie. Essayez d'y accompagner votre femme, car c'est un moment très émouvant. Vous verrez peut-être le bébé faire des cabrioles ! Beaucoup d'hommes prennent conscience à cette occasion que ce n'est pas une plaisanterie, il y a bien un petit être dans ce ventre arrondi. Par ailleurs, si jamais l'échographiste constate une anomalie ou propose un examen de contrôle, il vaut mieux être deux pour écouter ses explications et se soutenir mutuellement.

Fille ou Garçon

Le sexe est fixé dès la conception, mais c'est seulement à partir du cinquième mois que l'échographie permet de voir si le bébé est une fille ou un garçon.

Savoir ou ne pas savoir ?

Si vous avez un désir de garçon (fréquent chez le père), découvrir qu'il s'agit d'une fille bien avant la naissance vous aidera à changer de rêve afin de l'accueillir avec amour et sans déception. Ne pas savoir permet aussi de maintenir jusqu'au bout la magie de la grossesse, qui suppose de se préparer à l'un comme à l'autre. Cette décision est propre à chaque couple.

Comment s'établit le sexe ?

Il dépend du spermatozoïde qui a fécondé l'ovule : c'est donc vous qui êtes à l'origine du choix. L'ovule abrite toujours un chromosome X, tandis que les cellules reproductrices masculines peuvent contenir un X ou un Y. Si votre spermatozoïde a transmis un chromosome X, ce sera une fille. S'il a transmis un Y, ce sera un garçon. Durant les premières semaines de gestation, il n'y a pas de différence anatomique visible. Puis les testicules du garçon se développent sous l'influence de la paire XY. Elles produisent de la testostérone, qui entraînera l'apparition du pénis.

Des fluctuations hormonales

La testostérone est à l'origine des grandes différences entre les deux sexes. Sa concentration dans le corps de la femme enceinte ne dépend pas seulement de la quantité sécrétée par un fœtus masculin, mais est également influencée par le niveau de stress de la mère et sa consommation de tabac si elle n'a pas réussi à arrêter. Tous les fœtus ne sont donc pas exposés à la même dose de testostérone. Voilà pourquoi certaines femmes ont parfois des traits physiques et psychologiques plus masculins et les hommes une part de féminité. Plus la quantité de testostérone contenue dans l'utérus est grande, plus les attributs masculins (pilosité, voix grave…) se développeront, même sur le fœtus féminin. Les fluctuations hormonales plus ou moins prononcées tout au long de la grossesse font que nous avons tous en nous des caractéristiques de l'autre sexe.

Cerveau de fille, cerveau de garçon

Quand on regarde un nouveau-né, on peut penser que la seule différence entre un garçon et une fille se résume aux organes génitaux. Pourtant, dès la conception, leur cerveau ne se développe pas de la même façon. Sous l'effet de la testostérone, les parties du cerveau dédiées à la mémoire et à la prise de risques se développent différemment. Mais les fluctuations d'hormones pendant la grossesse produisent de grandes différences entre les individus.

Un bain de testostérone

Vous avez du mal à comprendre le flot d'émotions cristallisé par les femmes autour de la grossesse et de la naissance? Ne culpabilisez pas : est-ce votre faute si pendant neuf mois vous avez baigné in-utéro dans un bain de testostérone? D'un autre côté, il est possible que vous découvriez des aspects féminins de votre personnalité, dont vous ne soupçonniez pas l'existence. Le taux de cette hormone se modifie sans cesse dans l'utérus et fait varier l'apport sur chaque être humain. Ainsi votre cerveau abrite-t-il lui aussi des traces de féminité.

Pour en savoir plus : *Cerveau d'homme, cerveau de femme ?*, Doreen Kimura, Éditions Odile Jacob, 2001.

Bébé mesure 26 centimètres et pèse 360 grammes environ.
Il commence à boire le liquide amniotique, qui s'accumule dans les intestins sous forme de méconium (excrément de fœtus). Normalement, il ne sera évacué qu'à la naissance, mais nous n'en sommes pas encore là.

Quelle bonne idée d'avoir prévu un film pour occuper la soirée ! Vérifiez que vous avez fait le bon choix : évitez les films angoissants ou violents. Il vaut mieux vous en tenir au logo « tous publics ». Malgré toutes ces précautions, ne vous étonnez pas si votre femme pleure pendant la moitié du film. Vous avez déjà remarqué qu'elle est à fleur de peau. Ce n'est ni votre faute, ni la sienne : son corps est inondé d'hormones en folie et subit des transformations qu'elle ne maîtrise pas. Tout cela concourt à faire fluctuer son humeur et à exacerber ses émotions. Ne prenez pas à la lettre chacune de ses remarques, réagissez avec humour… au risque de l'agacer davantage !

Le fœtus est maintenant un véritable bébé miniature, un poupon de 27 à 28 centimètres, aux lèvres roses, aux cils et aux sourcils délicatement dessinés. Ses os deviennent plus solides. Chez le garçon, les testicules commencent à descendre.

Les mouvements du fœtus sont de plus en plus perceptibles. D'ailleurs Bébé n'en fait qu'à sa tête : il joue au foot quand sa maman voudrait dormir et se fait tout petit quand vous aimeriez bien qu'il vous donne un signe de vie. C'est lui (ou elle) qui décide. Essayez de vous y habituer : ce n'est que le début !

Du haut de ses 29 centimètres, il s'entraîne à respirer et tente d'attraper le cordon ombilical de ses petites mains. Sa peau est rouge et fripée comme celle d'un gros raisin sec : il faut bien prévoir de la place pour la graisse qui sera stockée au cours des prochaines semaines.

Votre femme s'inquiète pour la croissance du bébé ? Rassurez-la : si elle n'absorbe pas assez de nutriments, Bébé ne se gênera pas pour aller les chercher dans le corps maternel. Il a besoin de calcium ? Hop, il puise dans les os de sa mère. Quand vous faites les courses, faites provision de produits laitiers (yaourts notamment) et de tout ce qui contient du calcium et de la vitamine D. Quand la future maman a un petit creux, proposez-lui un yaourt ou une tartine de fromage.

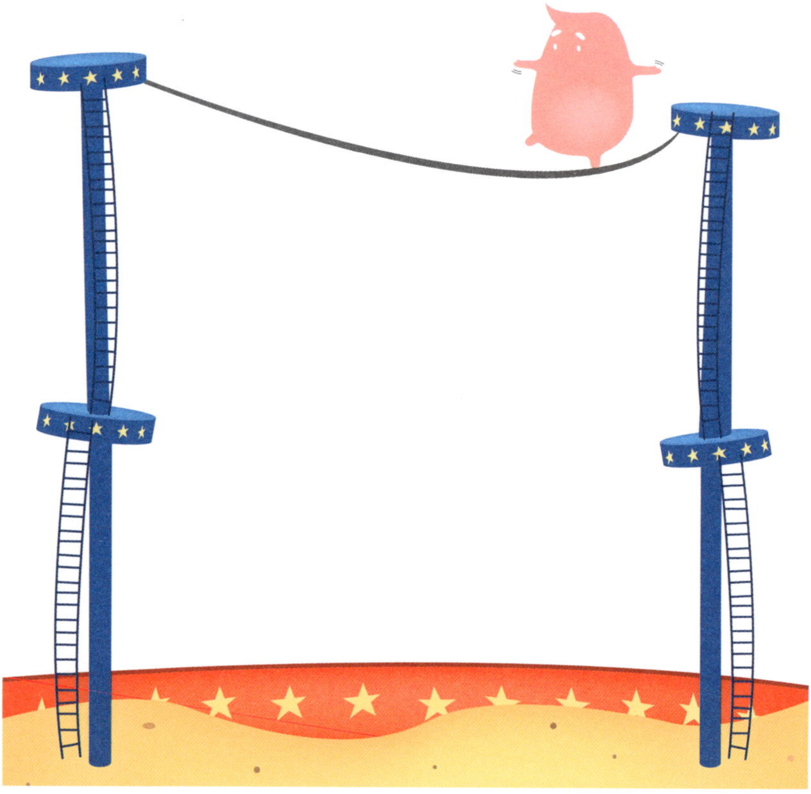

Le fœtus mesure 30 centimètres et pèse 600 grammes. Son appareil vestibulaire (situé dans l'oreille), qui lui permettra de contrôler son équilibre, est fonctionnel.

C'est le moment d'aborder la question du sommeil. Quand on est inquiet, on dort mal. Et quand on dort mal, on s'inquiète plus facilement. C'est un cercle vicieux. Or la plupart des gens se concentrent sur la conséquence et non sur la cause du problème. Prenez donc soin de votre sommeil et, plus encore, de celui de la future maman. Si elle tient à boire un café après le dîner, remplacez-le discrètement par du déca. Éteignez la télévision plus tôt. Aérez bien la chambre et veillez à ce qu'elle soit en ordre et propre. Il est plus facile de faire de beaux rêves dans une chambre nette et qui sent bon. Une femme enceinte en a besoin. Imaginez les cauchemars que vous feriez si vous aviez quelqu'un de vivant dans le ventre…

Le développement du cerveau

L'environnement, tout comme l'hérédité, joue un rôle important dans le développement cérébral du fœtus. Pour mettre toutes les chances de son côté, assurez-vous que la maman se nourrit correctement et veillez à la rendre la plus heureuse possible.

Le cerveau humain est si performant qu'il finit un jour par se demander comment il s'est formé. Incroyable, non ? Certains cerveaux sont même si évolués qu'ils sont capables de répondre à la question. Deux bonnes semaines après la fécondation, l'embryon est constitué de trois couches de cellules : l'ectoderme, le mésoderme et l'endoderme. C'est à partir de la première couche, également à l'origine de la peau, des ongles et des cheveux, que se développent les cellules nerveuses et cérébrales. Tout d'abord, une couche de cellules, appelée plaque neurale, apparaît dans l'ectoderme, puis son centre se creuse d'un sillon, ses bords se recourbent et se rapprochent : la plaque devient le tube neural, qui ressemble un peu à un sushi et donnera naissance au système nerveux et au cerveau.

La fonction de l'acide folique

Quand tout va bien, les deux extrémités du tube neural se ferment correctement. Parfois ce processus ne se déroule pas normalement : la non-fermeture de la partie supérieure ou de la partie inférieure entraîne respectivement une spina-bifida ou une anencéphalie. Cette anomalie semble provenir de facteurs liés à l'hérédité et à l'environnement. La prise d'acide folique (ou vitamine B9) favorise la bonne fermeture du tube neural, c'est pourquoi on en prescrit à toutes les femmes enceintes, mais c'est encore mieux si chacune d'elles en a absorbé suffisamment avant la conception. Sur le tube neural apparaissent trois vésicules, qui deviendront les deux hémisphères cérébraux et le tronc cérébral. La première et la troisième se diviseront à leur tour en cinq nouvelles vésicules, préfigurations des différentes régions du cerveau adulte (hémisphères cérébraux, diencéphale, cerveau moyen, pont de Varole, cervelet et bulbe rachidien).

Une usine à neurones

L'intérieur du tube neural se transforme en usine à neurones : à chaque seconde, d'innombrables divisions cellulaires donnent naissance à des milliers de nouvelles cellules qui se divisent à leur tour. Une couche de neurones en pleine prolifération tapisse les ventricules cérébraux situés à l'intérieur du tube. Les neurones tout neufs se déplacent vers le cortex, composé de six couches. Les premiers neurones formés constituent la plus profonde, les derniers – qui migrent lors de la vingtième semaine – la couche superficielle. Si ce processus ne se déroule pas normalement, par exemple parce que les neurones ne migrent pas assez loin, on parle de troubles de la migration neuronale, qui peuvent se traduire par des problèmes cognitifs et émotionnels. Ces anomalies peuvent être d'origine héréditaire, ou encore liées à la consommation d'alcool, de drogue ou de certains médicaments par la femme enceinte.

Les ramifications neuronales

Une fois que les cellules nerveuses ont pris leur place définitive, des ramifications de plus en plus longues se mettent à pousser sur le corps cellulaire et se connectent à plusieurs autres neurones. Ces connexions, appelées synapses, sont un peu comme des fils électriques qui relient les différentes cellules entre elles. La formation de synapses commence au milieu du deuxième trimestre de la grossesse et se poursuit tout au long de la vie. Il existe deux types de ramifications neuronales : les dendrites, qui reçoivent les signaux, et les axones, qui les émettent. Les modalités de croissance de ces fibres ne sont pas seulement déterminées par des facteurs génétiques : l'environnement – notamment la santé, l'alimentation et l'état psychologique de la mère – joue aussi un rôle. Si vous voulez que le cerveau de votre bébé se développe bien, soyez aux petits soins pour sa maman.

La myéline

Enfin, une gaine de substance grasse se forme le long des ramifications (des axones surtout) pour accélérer la conduction des signaux électriques. Ce processus se poursuit pendant deux ans : la myélinisation des neurones responsables du goût, de l'odorat et de l'ouïe s'effectue peu après la naissance, tandis que celle des neurones associés aux fonctions associatives et cognitives complexes se fait plus tardivement. Les aires cérébrales du cortex préfrontal (qui régit les capacités d'attention, de planification et de réflexion) sont les dernières à être myélinisées. Apparemment, cette ultime étape ne s'effectue pas parfaitement chez certains d'entre nous : si mon cortex préfrontal s'était mieux développé, j'aurais été plus attentif à ma femme lors des précédentes grossesses !

Pour en savoir plus : *Le Cerveau pour les nuls*, Fred Sedel et Olivier Lyon-Caen, First, 2010.

3e trimestre

Le bébé est entièrement formé : il ne lui reste plus qu'à prendre du poids. Son ouïe, sa vue et son toucher sont fonctionnels. Le compte à rebours a commencé. Il faut vous préparer, le grand jour approche !

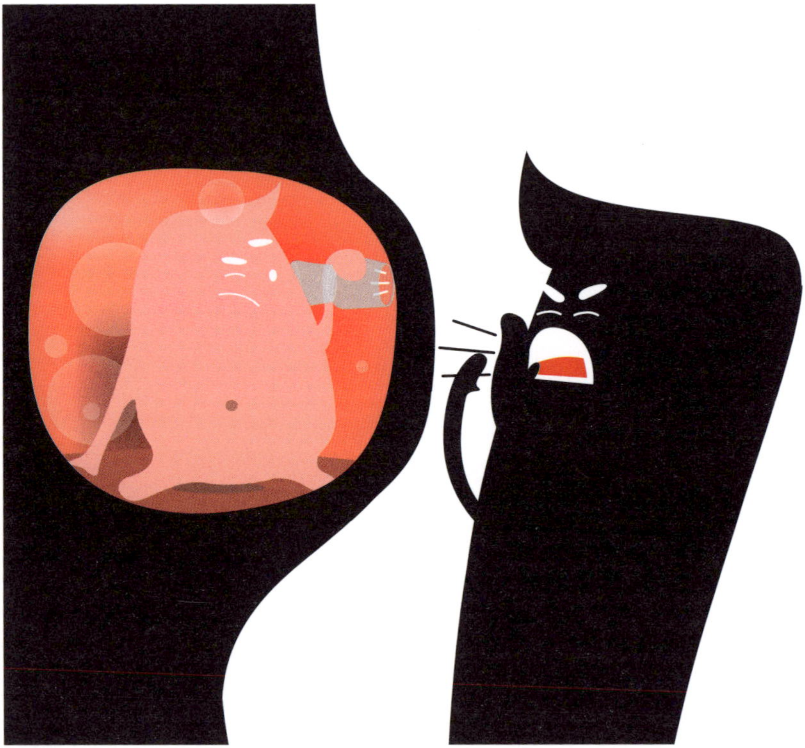

Il mesure 34 centimètres, soit un peu plus que le diamètre d'un disque vinyle trente-trois tours. Désormais capable de penser et de mémoriser, Bébé reconnaît la voix de sa mère, mais aussi, et c'est nouveau, la vôtre. N'hésitez pas à lui parler tendrement, il réagira peut-être.

Les femmes enceintes ont parfois du mal à accepter leur prise de poids. Arriveront-elles à perdre tous ces kilos? Resteront-elles séduisantes? Si votre femme s'inquiète, gardez un regard bienveillant sur son corps, rassurez-la par des gestes tendres et des mots doux. Et surtout, évitez toute allusion humoristique à l'éléphant, à la baleine ou à l'hippopotame... même si elle se compare elle-même à tous ces animaux!

Son rythme cardiaque s'établit autour de 140 battements par minute. Bébé mesure 36 centimètres et peut maintenant ouvrir et fermer les yeux, mais il ne distingue encore que des alternances d'ombre et de clarté. Si vous avez une lampe de poche, vous pouvez lui envoyer des messages en utilisant l'alphabet morse.

Bien que le mot hippopotame soit désormais tabou (voir semaine 25), demandez-vous (en votre for intérieur) ce qui plaît à ce genre d'animal. Se prélasser dans l'eau, par exemple ? Le bain atténue la sensation de poids et soulage le mal de dos, fréquent chez les femmes enceintes en raison de la modification de leur posture. Si vous avez une baignoire, remplissez-la d'eau tiède, jetez-y un galet parfumé et offrez à votre sirène préférée un délicieux moment de détente.

Grâce aux anticorps acheminés par le cordon ombilical, le fœtus (37 centimètres, 875 grammes) construit les prémices de son propre système immunitaire. Quoique rien ne presse, certains bébés se sont déjà retournés : ils se présentent tête en bas, la meilleure position pour naître.

Vous trouvez que votre femme a des centres d'intérêt nouveaux, qui vous semblent futiles (tricot, couture, shopping…). Vous avez peut-être également remarqué que sa vivacité intellectuelle n'est pas à son zénith : elle a tendance à oublier certaines choses et elle se répète à longueur de temps. Ce ralentissement intellectuel s'explique par un sommeil souvent perturbé, mais aussi parce que le développement cérébral du bébé se fait au détriment de son propre cerveau. Le fœtus, par exemple, prélève des acides gras dans le sang maternel. Mettez donc au menu harengs, maquereaux et sardines, qui en contiennent beaucoup. Pas de panique, toutes les femmes retrouvent leurs capacités après la naissance du bébé. Soyez patient !

C'est une étape importante : si le bébé naissait maintenant, il serait viable. Il mesure environ 38 centimètres et pèse 1 kg, un poids qu'il va multiplier par trois ou quatre au cours des prochaines semaines. Bébé sait remuer doucement la tête. Votre femme se plaint peut-être de sentir son ventre se durcir et se tendre à certains moments : ces contractions, dites de Braxton Hicks, préparent le corps à l'accouchement. Le bébé n'en souffre pas : pour lui, c'est un peu comme si vous le serriez dans vos bras. À ce stade, il dispose encore de beaucoup de place et ces étreintes intra-utérines ne lui font aucun mal.

Vous êtes un grand romantique et vous pensiez que votre princesse était un pur esprit ? Ces neuf mois vont sans doute dissiper vos illusions : les femmes enceintes souffrent de troubles digestifs, ballonnements, constipation, éructations et remontées acides, car les hormones de la grossesse perturbent la bonne fermeture entre l'œsophage et l'estomac. Oubliez donc les repas au fast-food : fritures et coca-cola sont un véritable cocktail explosif. Proposez-lui des céréales complètes, des féculents, des légumes et des fruits. Dites-lui aussi de boire beaucoup d'eau. Et emmenez-la faire une promenade, une activité physique régulière est nécessaire.

Stress et grossesse

Être un peu stressé de temps en temps, c'est normal et inoffensif, même pour une femme enceinte. Mais si le stress perdure, cela peut nuire au bon déroulement de la grossesse.

Un organisme stressé sécrète du cortisol, qui l'aide à réagir efficacement face au danger. Chez la femme enceinte, une sécrétion excessive de cette hormone peut avoir des effets néfastes sur le bébé. En cas de stress prolongé, le cortisol diminue l'irrigation sanguine du placenta ; le fœtus reçoit moins de nutriments et d'oxygène et il grandit moins vite. Des études ont montré que les individus dont le poids était faible à la naissance souffrent plus souvent de maladies cardio-vasculaires et de diabète à l'âge adulte.

Le cortisol n'a pas seulement des conséquences négatives sur l'irrigation sanguine : selon certaines expériences menées sur le rat, lorsque le cortisol maternel pénètre dans la circulation sanguine fœtale par le placenta, les processus de division cellulaire se ralentissent dans l'hippocampe du fœtus (partie du cerveau situé dans le lobe temporal), entraînant une chute de la production de cellules cérébrales.

Des troubles psychiques dus au stress maternel

Selon d'autres sources, les femmes enceintes exposées au stress donneraient naissance à des enfants dont le quotient intellectuel serait plus faible que celles dont la grossesse s'est déroulée sereinement. Les bébés des premières présenteraient aussi un risque plus élevé de manifester des pleurs excessifs et de souffrir de problèmes de sommeil. De même, certaines pathologies psychiques infantiles, comme les troubles de l'attention et l'hyperactivité, ont été associées au stress pendant la grossesse.

Exaucez tous ses vœux

Il est donc essentiel de préserver les futures mamans du stress. Or, les difficultés dans le couple en sont l'une des principales sources. Votre mission numéro 1 est donc de tout faire pour qu'une entente parfaite règne entre vous. Exemple : écoutez-la attentivement quand elle vous parle. Si ce qu'elle raconte (où elle en est de son tricot pour Bébé) ne vous passionne pas, veillez à hocher la tête de temps et temps et à émettre quelques murmures approbateurs au moment opportun.

Autre moyen de faire plaisir à une femme enceinte : exaucer ses vœux. Si elle dit : « La chambre du bébé n'est même pas prête ! », précipitez-vous dans un magasin de bricolage et achetez deux pots de peinture écologique couleur pastel. Et surtout, soyez très présent : rentrez tôt du travail, espacez vos entraînements de rugby et annulez quelques soirées entre copains. Il vaut mieux contrarier votre entraîneur sportif que votre femme ! Alors, enfilez vos pantoufles et lancez une playlist de chants d'oiseaux. L'Occident redécouvre d'ailleurs une ancienne sagesse japonaise, le tai-kyo, qui vise à améliorer l'état de santé et à réduire le stress des femmes enceintes et des fœtus ; il s'agit notamment de privilégier les pensées positives, de caresser le ventre de la future maman, de parler au futur bébé et de lui chanter des chansons. C'est peut-être moins farfelu qu'il n'y paraît.

Pour en savoir plus : *Une Grossesse sans stress*, Carole Serrat, Vigot, 2010.

Le fœtus mesure 40 centimètres et pèse 1,15 kg. Ses organes sont formés et il pourrait maintenant respirer hors de l'utérus. Mais il vaut mieux qu'il reste bien au chaud et prenne un peu plus de poids.

Une femme enceinte transpire beaucoup et urine fréquemment : elle doit donc s'hydrater en conséquence. Veillez à ce qu'elle ait toujours à disposition, non pas un verre d'eau, mais une bouteille entière. Le matin, préparez-lui un smoothie en mélangeant du jus d'orange, des bananes et un peu de yaourt dans un blender. Vous n'en avez pas? C'est l'occasion de lui en offrir un. Ses séances de préparation à l'accouchement vont bientôt commencer? Prévoyez de vous rendre disponible pour l'accompagner.

Bébé mesure 40 centimètres et grandit désormais plus lentement, mais il pèse 1,3 kg et va prendre encore beaucoup de poids. Il sécrète des hormones, qui préparent la mise en route de la lactation (la production de lait maternel).

En fin de grossesse, une femme dort de plus en plus mal : elle se lève plusieurs fois par nuit pour aller aux toilettes et son ventre encombrant l'empêche de trouver une position confortable. Il est généralement conseillé aux futures mamans de se coucher sur le côté gauche, afin de dégager le foie et les reins et d'éviter la compression de la veine cave par l'utérus. Pour soulager votre femme, glissez-lui quelques coussins derrière le dos ou entre les jambes. N'hésitez pas à investir dans un coussin de maternité, une espèce de traversin en forme de fer à cheval : il est très utile les derniers mois de grossesse et pendant l'accouchement; il sera également très pratique, après la naissance, pour l'allaitement et le maintien en position assise du bébé. Il existe aussi des coussins remplis de noyaux de cerises, qu'on réchauffe au four à micro-ondes et qui restituent peu à peu la chaleur emmagasinée.

Il mesure 41 centimètres, pèse à peu près 1,5kg et a un beau ventre tout rond. Dans son foie, la production de globules rouges bat son plein. Certains fœtus ont déjà des cheveux. Parfois, la maman perçoit de petites secousses régulières : Bébé a le hoquet!

La Maman – semaine 31

Si votre femme vous demande à brûle-pourpoint de lui rendre un petit service (de préférence un acte héroïque comme enlever les feuilles mortes de la gouttière, laver la baie vitrée de trois mètres de haut, repeindre une tache d'humidité tout en haut du mur ou enlever une toile d'araignée au plafond), ne traînez pas ! Posez votre journal, annulez votre jogging, éteignez votre téléphone portable et mettez-vous tout de suite au travail. Il ne s'agit pas d'obéir servilement au moindre de ses ordres, mais d'éviter de la retrouver perchée sur un tabouret branlant lui-même posé sur une table : si vous ne vous en chargez pas, c'est elle qui le fera. Sachez qu'il est difficile, et même impossible, de raisonner une femme enceinte qui a une idée en tête.

Il dépasse maintenant 42 centimètres et pèse 1,7 kg. Il lui reste surtout à développer ses poumons et son appareil digestif. Son comportement dans l'utérus ressemble à celui d'un nouveau-né à l'air libre : il saisit ce qui l'entoure, suce son pouce et fait d'adorables grimaces. Il commence aussi à rêver : ses cycles de sommeil paradoxal alternent avec un sommeil lent.

N'oubliez pas, au cours de ce huitième mois, la consultation avec l'anesthésiste. Elle est utile même pour les femmes qui ne souhaitent pas profiter de la péridurale : certaines changent d'avis au dernier moment, ou un incident peut contraindre à en poser une. Le médecin doit aussi proposer l'échographie du 3e trimestre, qui permet de vérifier la bonne croissance du bébé, son orientation dans l'utérus et la localisation du placenta. Comme nous l'avons vu, les hormones mettent en ébullition le corps des femmes enceintes… mais aussi leur porte-monnaie. Elles veulent le meilleur équipement pour le bébé et achètent moult ouvrages et magazines pour s'informer. Cette pulsion d'achat a aussi des effets positifs : vous tenez ce livre entre vos mains ! Car, soyons sérieux : vous ne l'avez quand même pas acheté vous-même ?

Il mesure environ 44 centimètres et pèse 1,9kg. Le fin duvet qui le couvrait jusqu'à présent commence à disparaître. Il est à l'écoute des bruits environnants et réagit en bougeant.

La Maman – semaine 33

Son esprit est désormais troublé par des questions qui vous laissent indifférent, mieux encore, qui ne vous avaient jamais effleuré. Exemple : quelle poussette choisir? Pour vous, n'importe quel engin équipé de quatre roues ferait l'affaire. Pas pour votre femme, qui vous expose avec enthousiasme les avantages et les inconvénients de l'option châssis-nacelle-hamac, du siège coque et de la poussette-canne. C'est un peu comme avec les voitures : pour un homme, rouler en Ferrari est un symbole de virilité et de réussite sociale. De même, une jeune maman qui pousse un landau dernier cri cultive son image de mère branchée et attentive au confort de son bébé. En revanche, si la plupart des hommes finissent par renoncer à leurs rêves de grandeur et se retrouvent tôt ou tard au volant d'une berline ordinaire, les femmes sont inflexibles : la Rolls des poussettes ou rien! Si vous avez les moyens de la lui offrir, faites-lui la surprise. Sinon, mettez un peu d'argent de côté ou demandez à la famille et aux amis de se cotiser. Tant que la moitié de votre salaire n'est pas englouti dans cet achat et que vous êtes conscient que Bébé se moque de la marque de sa poussette comme de sa première couche, il n'y a aucun problème. Ce dont il a besoin, c'est d'être aimé. Et ça, ça ne coûte pas un sou!

De l'œuf au poussin

Grâce aux progrès de l'embryologie, découvrez comment un œuf devient un poussin, et un simple zygote le plus beau des bébés.

L'embryologie est la science qui étudie le développement des organismes animaux depuis l'œuf fécondé jusqu'au nouveau-né. Pendant des siècles, les savants se sont affrontés autour de deux théories. Selon la première (l'épigenèse), l'embryon se forme progressivement à partir des composants de l'œuf. D'après la seconde (la préformation), l'œuf contient déjà un individu microscopique, mais parfaitement constitué. Aristote est le premier à s'être penché sur cette passionnante question. En cassant des œufs de poule à différents stades de leur développement, il constata que le jaune et le blanc passaient par plusieurs étapes jusqu'à donner naissance à un petit poussin. La première théorie était donc la bonne et elle est confirmée aujourd'hui.

La division cellulaire

Les organismes multicellulaires, dont l'homme fait partie, ne sont pas constitués dès l'origine, mais se développent peu à peu à partir d'un ovule fécondé, appelé zygote. Celui-ci subit une division cellulaire : c'est d'abord le noyau, porteur du patrimoine génétique, qui se scinde en deux, puis le reste de la cellule. Les deux cellules-filles contiennent la même information génétique que la cellule-mère, mais ne lui sont plus tout à fait identiques. Parfois, les deux cellules issues de la première division du zygote se développent séparément et donnent naissance à deux bébés : des jumeaux monozygotes. Cela n'arrive presque jamais après la deuxième division cellulaire, c'est pourquoi il est extrêmement rare d'avoir des quadruplés monozygotes.

Environ 72 heures après la fécondation se forme un amas de cellules appelé morula. Quelques jours plus tard, la morula se creuse d'une cavité et prend le nom de blastocyste. On y distingue deux grands types de cellules : celles qui donneront naissance au futur bébé, les cellules souches embryonnaires, et celles qui constitueront le placenta. Cette distinction est définitive : alors qu'une cellule souche est capable de se différencier pour devenir n'importe

quelle cellule humaine (musculaire, cérébrale, etc.), les autres cellules ne pourront jamais former que des éléments du placenta.
Au début du XIXe siècle, l'embryologiste Heinz Christian Pander découvrit que l'embryon développait au départ trois types de cellules, organisées en trois couches : l'ectoderme, le mésoderme et l'endoderme. L'ectoderme constituera la peau, les ongles, le cartilage du nez, la bouche et l'anus. Le mésoderme donnera naissance aux muscles, aux os et au tissu cardiaque et l'endoderme formera le tube digestif et les poumons. À partir de la fin du XIXe siècle, les scientifiques ont affiné les méthodes qui leur permettaient de suivre le développement de groupes de cellules, puis de cellules distinctes. Ils firent ainsi une découverte fondamentale : les cellules peuvent changer de forme et même de place. En effet, certaines migrent à l'intérieur de l'embryon.

Les secrets de la cellule

Depuis plusieurs dizaines d'années, les embryologistes se demandent comment chaque cellule de l'organisme est capable de se fixer au bon endroit et de programmer la fonction adaptée. Comment une cellule oculaire se spécialise-t-elle dans l'optique tandis que, juste à côté, une autre cellule forme une partie du nerf qui relie l'œil au cerveau ? Comment une cellule sait-elle se placer dans l'organisme et se situer par rapport aux autres ? Qu'est-ce qui entraîne l'arrêt de la division cellulaire lorsque l'organe en constitution a atteint une taille suffisante ? Aujourd'hui, l'embryologie parvient à percer les secrets des cellules. En voici quelques exemples. Celles dont la surface est rugueuse ne se déplacent pas de la même façon que les cellules lisses. Une interaction particulière entre différentes cellules peut donner naissance à une forme ou à un motif précis (le relief d'une molaire ou les rayures d'un zèbre). Par ailleurs, les cellules communiquent entre elles, par contact direct ou par l'intermédiaire de messagers chimiques. Ainsi, certaines cellules sécrètent des médiateurs qui se déplacent dans l'organisme et dont la concentration s'élève au fur et à mesure qu'on s'approche d'elle. Une autre cellule peut donc « savoir » où elle se trouve par rapport à la cellule sécrétrice et donc quels gènes elle doit activer.

Il mesure 45 centimètres et dépasse les 2kg. Sa peau est sensible aux variations de température. Si vous posez une main sur le ventre de la maman, Bébé viendra peut-être s'y blottir.

Si vous voulez faire plaisir à la maman, achetez-lui des magazines de déco. On y voit de belles maisons contemporaines aux larges baies ouvrant sur la mer ou sur la campagne, avec des meubles signés par de grands designers et des détails raffinés. Certaines femmes adorent ces articles, qui entretiennent l'idée qu'avec un peu de talent et de volonté, on peut transformer la pire des bicoques en maison de rêve. Après cette lecture, votre femme risque de refermer le magazine avec des projets plein la tête et l'envie de repeindre tout l'appartement pour accueillir Bébé dans un lieu idéal. Tout compte fait, évitez les magazines de déco ! Proposez-lui plutôt de faire l'amour. C'est possible jursqu'à la fin de la grossesse en évitant les postures délicates pour le ventre. Seules contre-indications à la pénétration : grossesse multiple, placenta prævia (placé trop bas), risque d'accouchement prématuré, hypertension artérielle de la maman.

Le fœtus est encore entièrement couvert de vernix, qui disparaîtra au cours des prochaines semaines. Il a déjà de la force dans ses petites mains et peut agripper le cordon ombilical. Il boit de plus en plus de liquide amniotique et urine beaucoup.

En fin de grossesse, un liquide visqueux s'écoule parfois des mamelons de la maman : c'est du colostrum, première version du lait maternel, riche en anticorps et qui sera encore sécrété deux ou trois jours après la naissance. Dans deux semaines, le bébé sera complètement formé, il faut donc que tout soit prêt pour le départ à la maternité. Une naissance se prépare comme un long trajet en voiture : informez-vous sur le déroulement d'un accouchement (voir page 126), préparez une valise avec le trousseau de naissance et le nécessaire utile à la maternité (voir page 134), gardez les numéros du médecin ou de la sage-femme à portée de main et détendez-vous.

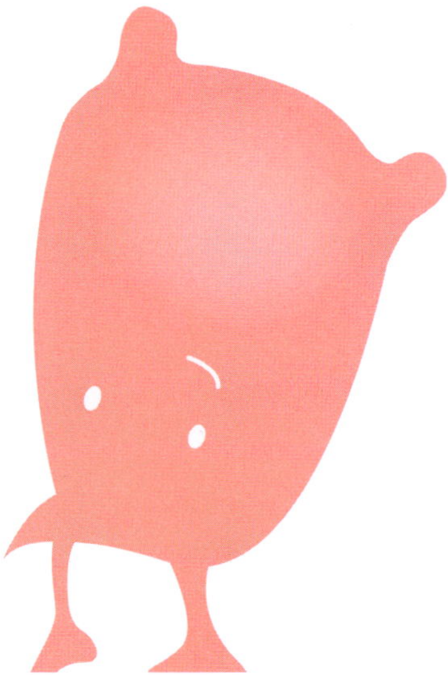

Il prend désormais 250 grammes par semaine et commence à se sentir à l'étroit. Si tout va bien, il s'est déjà retourné et s'est placé la tête en bas. L'alimentation de la maman semble influencer les futurs goûts du bébé : il appréciera la saveur des aliments qu'elle a beaucoup consommés pendant la grossesse, mais fera sans doute la grimace lorsque vous lui présenterez quelque chose qu'elle n'a jamais mangé.

La Maman – semaine 36

L'utérus comprime de plus en plus la vessie. Votre femme se plaint de douleurs liées à de petites contractions utérines ou à l'étirement des ligaments pubiens. Outre ces maux bénins, il y a parfois des moments de panique : que se passe-t-il ? Cette sensation est-elle normale ? Pourquoi est-ce que je ne sens plus le bébé bouger ? (En fin de grossesse, il faut prévenir le médecin si la maman n'a pas perçu de mouvements depuis 24 heures.) Le temps est venu d'abandonner le rôle du « type cool qui n'appelle pas le docteur pour une broutille » et d'endosser celui du « père responsable qui prévient le gynécologue à bon escient ». Ne dites pas : « Attendons demain pour voir si ça s'arrange », mais décrochez le téléphone. Y compris la nuit ou le week-end. Il n'y a pas d'heure pour rassurer une future maman ; parfois, la voix calme d'une sage-femme suffit à la réconforter. Cependant, si une fois rassurée, votre femme persiste à penser que quelque chose ne va pas, n'hésitez pas à rappeler, ou conduisez-la directement à la maternité ou aux urgences. Il vaut mieux prévenir que guérir et se sentir ridicule cinq minutes plutôt que regretter toute sa vie de ne pas avoir agi à temps.

Lexique à l'usage des futurs papas

« J'étais à 6 de dilatation quand j'ai perdu les eaux. Heureusement, je n'ai eu besoin ni de forceps ni d'épisiotomie. Et Bébé a eu 9 au score d'Apgar. » Vous êtes perdu ? Grâce à ce petit lexique, le jargon de la grossesse, de l'accouchement et des premiers soins du bébé n'aura (presque) plus de secrets pour vous.

ACIDE FOLIQUE – Autre nom de la vitamine B9, qui favorise la fabrication de nouvelles cellules et réduit le risque d'anomalies du tube neural (spina-bifida ou anencéphalie).

ALLAITEMENT MIXTE – Alternance d'allaitement maternel et de biberons.

BAIGNOIRE SHANTALA ou **TUMMY TUB** – Baignoire ergonomique pour bébé en plastique rigide, en forme de seau évasé.

BODY – Vêtement qui regroupe le T-shirt et la culotte en une seule pièce fermée par trois boutons pression entre les jambes. Il paraît que c'est très pratique pour changer les bébés, sauf quand le contenu de la couche déborde (ce qui arrive souvent) : dans ce cas, le body se salit aussi, ainsi que tout le bébé, puisqu'il faut retirer le body en le passant par la tête !

BOUCHON MUQUEUX – Glaires sanguinolentes expulsées quelques jours ou quelques heures avant l'accouchement. Certaines femmes ne se rendent pas compte de son expulsion.

COLOSTRUM – Premier lait produit par les seins, qui contient de nombreux anticorps, protège le bébé des infections et possède une haute valeur nutritive.

DÉCLENCHEMENT – Administration par perfusion d'une substance qui provoque les contractions utérines et déclenche l'accouchement.

DÉLIVRANCE – Décollement et expulsion du placenta et des membranes fœtales après la sortie du bébé.

DILATATION – Ouverture progressive du col de l'utérus, exprimée en centimètres.

ÉPISIOTOMIE – Incision pratiquée sur le périnée pendant l'accouchement pour éviter une déchirure des tissus.

EXPULSION – Sortie de l'enfant hors de l'utérus maternel.

FONTANELLES – Surfaces souples et membraneuses situées entre les os du crâne d'un nouveau-né avant son entière ossification.

FORCEPS – Pinces utilisées par le médecin accoucheur pour tirer doucement la tête du bébé vers l'extérieur s'il a des difficultés à sortir.

GRENOUILLÈRE – Body à manches et jambes longues. Vérifiez qu'elle est munie de pressions entre les jambes : sinon, il faut déshabiller entièrement Bébé pour le changer et ce n'est pas pratique.

ICTÈRE ou **JAUNISSE PHYSIOLOGIQUE** – Coloration jaune de la peau du nouveau-né, due à l'immaturité de son foie. À surveiller attentivement jusqu'au sixième jour.

LANGE – Carré de coton autrefois utilisé pour emmailloter les bébés. Aujourd'hui, on s'en sert pour éviter que leurs régurgitations ne salissent le drap du lit, le canapé ou le nouveau costume de Papa. Ou comme doudou.

LISTÉRIOSE – Infection causée par la bactérie listeria, surtout présente dans les produits crus (viandes, fruits de mer, fromages, etc.). La listériose peut traverser le placenta et provoquer une fausse-couche ou un accouchement prématuré.

MATELAS À LANGER – Matelas spécialement conçu pour changer ou habiller le bébé, ce qui peut très bien se faire sur une serviette bien épaisse ou un petit tapis.

MÉCONIUM – Première selle composée de bile, de cellules intestinales et de tout ce que le fœtus a avalé pendant neuf mois en buvant le liquide amniotique.

MONITORING – Appareil de surveillance du rythme cardiaque du bébé et des caractéristiques des contractions, qui permet de contrôler son état et de déterminer s'il est en souffrance.

OCYTOCINE – Hormone qui provoque la contraction de l'utérus.

PARTURIENTE – Femme en train d'accoucher.

PÉRIDURALE – Anesthésie locorégionale obtenue par injection d'un produit analgésique entre deux vertèbres lombaires, qui permet d'accoucher sans douleur en conservant la mobilité musculaire.

PÉRINÉE – Zone située entre le vagin et l'anus.

PERTE DES EAUX – Écoulement du liquide amniotique après la rupture de la membrane ovulaire, juste avant l'accouchement.

PRÉMATURÉ – Enfant né avant terme.

PRIMIPARE – Femme qui attend son premier enfant.

RÉÉDUCATION PÉRINÉALE – Renforcement des muscles pelviens réalisé chez une sage-femme ou un kinésithérapeute dans les semaines qui suivent l'accouchement.

RÉFLEXE D'ÉJECTION – Projection d'un jet de lait sous l'effet de la sécrétion hormonale, parfois provoquée par la simple vue du bébé.

SCORE D'APGAR – Notes obtenues par le bébé juste après la naissance, qui évaluent sa respiration, son rythme cardiaque, la coloration de sa peau, sa réactivité et son tonus musculaire.

TERME – Date prévue pour l'accouchement.

TOUCHER VAGINAL – Examen tactile de la paroi vaginale, qui permet de vérifier l'état du col de l'utérus.

TRAVAIL – Action de l'enfantement, synonyme de douleurs. Vous ne vous plaindrez plus quand vous aurez assisté à celui d'une femme qui accouche.

VENTOUSE – Soucoupe que le médecin fait adhérer au crâne du bébé, puis qu'il tire doucement pour faciliter l'expulsion.

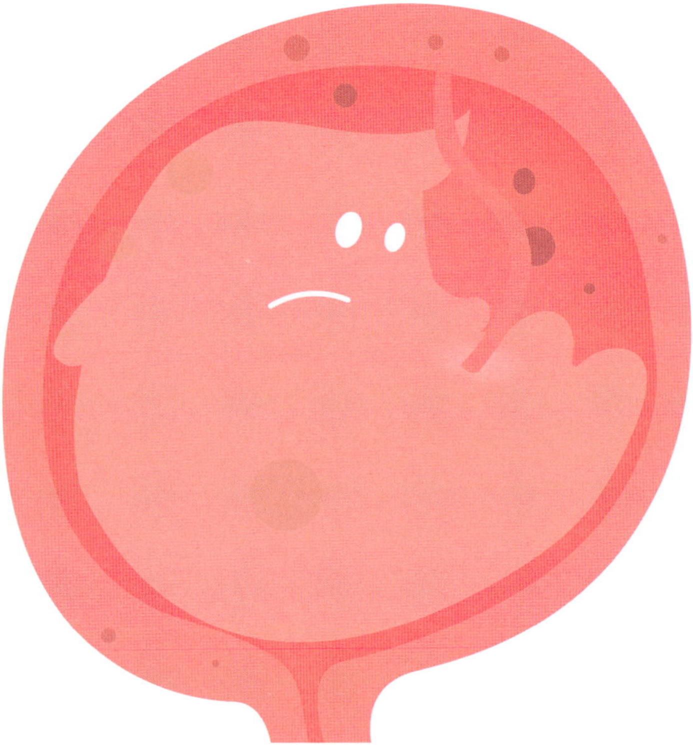

Le fœtus n'a plus vraiment la place de donner de grands coups de pied. Ses mouvements ont moins d'amplitude. S'il naît à ce stade, il n'est plus considéré comme prématuré et n'aura généralement pas besoin de soins particuliers.

Elle vous appelle dix fois par jour pour vérifier que vous êtes joignable ? C'est normal : imaginez que le grand jour arrive et que vous ne répondiez pas au téléphone ! Elle vous le pardonnera peut-être quand elle en sera à son sixième accouchement, mais pour la première fois, gardez en permanence votre portable allumé à portée de main, même quand vous êtes en réunion. Il vaut mieux déranger vos collègues de travail que créer du stress à votre femme.

Ses ongles sont longs, mais il ne sait pas encore se les couper : certains enfants viennent au monde avec quelques égratignures parce qu'ils se sont griffés dans l'utérus.

À cette date, préparez-vous à l'accouchement, matériellement et psychologiquement, tout en étant conscient que chaque naissance est unique et conserve une part d'imprévu. Que la maman ait opté ou non pour la péridurale, respectez son choix. Mais sachez que les circonstances modifient parfois les prévisions dans un sens comme dans l'autre. Elle rêve d'un accouchement dans l'eau et en musique ? Ne vous moquez pas. C'est à elle de sentir ce qui lui convient le mieux. Elle vous demande de l'accompagner à ses séances de yoga pour femmes enceintes ? Courez-y ! Vous aurez non seulement une expérience à raconter à vos amis, mais les exercices de respiration vous aideront peut-être à éviter une crise de panique au moment suprême. On a déjà vu des pères tourner de l'œil pendant l'accouchement de leur femme.

Une semaine avant la naissance, sa tête vient se poser sur le col de l'utérus. Bébé est prêt pour le décollage !

Ah! L'étourderie de la maman atteint des sommets : vous trouverez peut-être dans le réfrigérateur des objets qui n'ont rien à y faire. Par ailleurs, elle commence sans doute à trouver le temps long. Bébé peut arriver d'un jour à l'autre ou bien se faire désirer encore deux semaines. Les derniers jours de grossesse sont très pesants, au sens propre comme au figuré. Votre femme ferait n'importe quoi pour accoucher plus vite : manger de l'ananas, du céleri ou des sushis parce qu'une amie, ou une passante dans la rue, lui ont dit que cela déclenchait le travail. Ne comptez pas trop sur ces remèdes de grand-mère. Voici un moyen qui devrait vous plaire davantage : l'orgasme et le sperme, qui contient des prostaglandines, peuvent provoquer des contractions utérines et lancer le travail. On parle alors d'accouchement à l'italienne… Sauf en cas de risques particuliers (voir semaine 34), faire l'amour ne peut pas faire de mal. Alors, profitez-en ! Faites néanmoins preuve de douceur, le corps de la maman est très sensible.

Bébé est prêt à faire son entrée dans le monde, mais il n'est pas toujours pressé. Il semble que le fœtus aurait son mot à dire puisqu'il sécrète une hormone libérant la corticotrophine (CRH), qui augmente le taux d'œstradiol dans le placenta. Quand ce taux dépasse la quantité de progestérone, le travail commence. Bien sûr, ce raccourci est un peu rapide : une naissance est la conjonction mystérieuse de multiples facteurs qui restent encore à explorer.

Si votre femme ressent des contractions douloureuses toutes les dix minutes, c'est que l'accouchement est en train de commencer. Si elle gémit pendant 40 secondes toutes les cinq minutes, préparez-vous à partir à la maternité. C'est la phase de dilatation, pendant laquelle le col de l'utérus s'ouvre d'un centimètre par heure en moyenne pour un premier accouchement. Cela peut prendre une dizaine d'heures ou aller beaucoup plus vite. Si elle pousse un rugissement guttural et si vous êtes encore à la maison ou dans les embouteillages, allez vite page 135 lire le chapitre « Si vous n'arrivez pas à temps à la maternité ». En revanche, quand le terme est dépassé et que Bébé refuse obstinément de montrer le bout de son nez, une surveillance médicale régulière est mise en place pour vérifier qu'il n'est pas en souffrance. Entre cinq et huit jours de retard, l'accouchement est déclenché médicalement.

Pils
Pils
Pils
Pils
Pils

L'accouchement

Peu d'hommes le savent, mais un accouchement se compose de trois phases : la dilatation, l'expulsion et, quand vous pensez que vous allez enfin pouvoir souffler, la délivrance.

1. La dilatation

Le col de l'utérus doit d'abord s'effacer, puis s'ouvrir pour laisser passer le bébé. Dans le jargon médical, cette phase est appelée dilatation. Ainsi, quand le col s'est ouvert d'un centimètre, on parle de « dilatation à 1 ». C'est un bon début, mais on est encore loin du compte : l'objectif à atteindre est la « dilatation complète », soit l'ouverture maximum du col de dix centimètres environ. Cela ne se fait pas d'un coup de baguette magique, loin de là. L'utérus doit se contracter, et une contraction, cela fait mal : votre femme sent son ventre se durcir et éprouve une douleur intense, semblable à des coliques, qui peut irradier jusque dans le dos. Au début, les contractions sont espacées, puis au bout d'un moment, elles reviennent de façon régulière et de plus en plus rapprochée.

Quand partir à la maternité ?

Lorsque les contractions se produisent toutes les dix minutes, si votre femme a déjà eu un ou plusieurs enfants, il est temps de partir à la maternité. Pour le premier, vous pouvez encore attendre « tranquillement » une ou deux heures, jusqu'à ce que les contractions surviennent toutes les cinq minutes. Attention, n'oubliez pas de prendre en compte la durée du trajet à parcourir et l'état de stress de la maman… et du papa.

La perte du bouchon muqueux

Les premières contractions, indolores, provoquent l'expulsion du bouchon muqueux, un amas de glaires qui formait une barrière antimicrobienne à l'entrée de l'utérus. La perte de ce bouchon passe parfois inaperçue lorsqu'il s'est évacué en plusieurs fois quelques jours plus tôt. Mais le plus souvent, il marque les prémices de l'accouchement.

La perte des eaux

Pendant la phase de dilatation, il est possible que votre femme perde les eaux (cela signifie que la membrane ovulaire s'est fissurée ou rompue). On ne choisit pas le moment : cela peut se produire à la maternité, à la maison ou dans d'autres lieux peu propices. Splash ! Voilà le lit humide, ou le canapé, ou pire, le siège de votre voiture ! Le liquide qui s'écoule est clair ; s'il est teinté de brun ou de vert, c'est que le fœtus a émis une selle dans l'utérus, ce qui constitue le signe d'une souffrance. Dans tous les cas, si vous n'êtes pas encore à la maternité, il faut y conduire la maman sans tarder, car le bébé n'est plus protégé contre les contaminations extérieures. L'idéal est qu'elle mette le siège avant de la voiture en couchette. Parfois, la perte des eaux n'a pas lieu et c'est l'équipe médicale qui décide de rompre la membrane pour accélérer la dilatation. Rassurez-vous, ce geste est indolore.

L'arrivée à la maternité

Votre femme est examinée par un médecin, ou par une sage-femme, qui effectue un toucher vaginal pour évaluer la dilatation du col. Si c'est une fausse alerte, on vous renvoie chez vous et il vous faudra prendre votre mal en patience (au sens propre en ce qui concerne la maman). Si le travail a vraiment commencé, mais n'est pas assez avancé, on vous installe dans une chambre. Et vous êtes livré à vous-même en compagnie de votre femme qui se tord de douleur toutes les cinq minutes comme si on lui arrachait une dent sans anesthésie. Cela va durer jusqu'à l'administration de la péridurale, et même jusqu'à la naissance si votre femme a choisi d'accoucher naturellement. Positivez : c'est l'occasion de montrer de quoi vous êtes capable et de déployer des trésors d'imagination pour soulager les souffrances de votre princesse. Alors, au lieu de rester désemparé dans un coin de la chambre, adoptez une attitude constructive.

Présent, mais discret

Le mot d'ordre : être présent, mais discret. Tenez-lui la main, caressez-lui le front. Décrivez-lui des plages bordées de cocotiers et léchées par les vagues, dont la visualisation l'aidera à se détendre. Rappelez-lui les bons moments que vous avez vécus ensemble et tout ce qui peut la réconforter à un moment où le désespoir la guette. Humectez-lui les lèvres (on lui a demandé de ne plus boire ni manger, au cas où une anesthésie générale serait nécessaire). Massez-lui doucement les reins. Encouragez-la à appliquer les conseils de respiration et de relaxation prodigués pendant les séances de préparation à l'accouchement. Laissez-la crier si cela la soulage, tant pis si le médecin de garde fronce les sourcils. En revanche, si la princesse vous fait comprendre qu'elle préfère que vous la laissiez tranquille, ne vous formalisez pas. À cette intensité, la souffrance n'est pas toujours facile à partager. Selon ses désirs, asseyez-vous et soutenez-la par votre simple présence, ou sortez et revenez un peu plus tard.

La pose de la péridurale

Si votre femme a demandé une péridurale, celle-ci est réalisée lorsque la dilatation du col atteint environ 3 centimètres, parfois 4 ou 5 si les contractions sont supportables. Elle doit s'asseoir au bord du lit ou s'allonger sur le côté, selon le souhait du médecin. Elle fait le dos rond, et après une légère anesthésie locale, l'anesthésiste injecte le produit entre deux vertèbres. La pose d'un cathéter permettra de renouveler les injections en fonction de l'intensité et de la durée du travail. Dans certaines maternités, la maman pourra, pendant l'accouchement, en moduler l'arrivée elle-même à l'aide d'une pompe.

Ouf ! Vous aussi, vous vous sentez mieux. Cependant, même si elle ne ressent plus la douleur, elle appréciera (peut-être d'autant plus !) votre présence et vos signes de tendresse.

On approche du but

Lorsque les contractions se produisent toutes les 3 ou 4 minutes et que le col est dilaté d'environ 3 centimètres, direction la salle de naissance ! La maman est vêtue d'une chemise d'hôpital ou d'un grand T-shirt que vous lui avez prêté (c'est plus romantique). Quant à vous, vous devrez enfiler une blouse, une charlotte et des chaussons stériles : une tenue peu sexy, mais qui aura peut-être le mérite de la faire rire. La sage-femme installe le monitoring : deux capteurs placés sur le ventre de la maman, qui enregistrent l'un les contractions, l'autre les battements du cœur du bébé. Vous verrez que chaque contraction suit une courbe en forme de cloche : faible au début, la douleur s'intensifie au milieu, puis diminue et s'éteint… jusqu'à la fois suivante.
On installe une perfusion ou un cathéter sur le bras de la maman au cas où il faudrait lui administrer un médicament ou du sérum glucosé, ou encore pour régler le dosage de l'anesthésiant en cas de péridurale.

2. L'expulsion

À ce stade, certains pères préfèrent prendre la fuite… euh, sortir de la salle d'accouchement, pour y revenir une fois le bébé expulsé. La plupart choisissent de rester aux côtés de leur compagne pour l'encourager. D'autres tiennent même à filmer la naissance en direct, téléphone en main, et vont se placer au cœur de l'action. Quel que soit votre choix, ne culpabilisez pas ! L'idéal est d'en avoir parlé ensemble avant, pour éviter que la maman ne se sente abandonnée ou surprise par votre attitude si vous sortez.

Si vous restez, tenez-lui la main et parlez-lui. N'oubliez pas le bébé, imaginez ensemble sa progression vers la lumière. Lorsque la dilatation est complète et que la tête du bébé est engagée dans le bassin, votre femme va devoir pousser de toutes ses forces. Il faut néanmoins attendre le feu vert et les instructions de l'accoucheur, car une poussée mal conduite peut provoquer des déchirures. D'ailleurs, au moment de l'expulsion, le médecin est parfois amené à pratiquer une épisiotomie, c'est-à-dire une incision du périnée, plus facile à recoudre à la fin de l'accouchement qu'une déchirure naturelle.

Ne restez pas inactif

On vous mettra peut-être à contribution : la sage-femme pourra proposer à votre femme de prendre appui sur vous pour pousser plus efficacement. Plus vous serez actif, moins vous aurez l'air d'un lièvre terrorisé devant les phares d'un camion. Juste avant l'expulsion, votre femme va peut-être se mettre à crier : « Je n'en peux plus ! Je n'y arriverai jamais. » C'est bon signe : elle y est presque ! Encouragez-la de plus belle. Transformez-vous en coach sportif : « Super, c'est génial, tu es la plus forte, tu pousses comme une championne ! » N'hésitez pas à exagérer, c'est pour la bonne cause.

Le premier cri

Quelques contractions plus tard, une forme arrondie plus ou moins chevelue apparaît entre les jambes de la maman : c'est la tête du bébé ! Le plus dur est fait. L'accoucheur dégage doucement la tête. Une épaule, puis deux, apparaissent, et flop, le reste du corps suit d'un trait. Bébé pousse son premier cri et ses poumons se remplissent d'air. On le pose délicatement sur le ventre tout chaud de sa maman. Il s'apaise. Le moment est magique, inoubliable. Photo !

Si on le laisse tranquille dans les minutes qui suivent sa naissance, le nouveau-né se hisse tout seul vers le sein maternel, suivant un instinct incroyable, extrêmement émouvant. D'ailleurs, si la maman souhaite allaiter, il est important de mettre Bébé au sein très tôt.

La sage-femme place une sorte de pince sur le cordon qu'elle coupe à quelques centimètres du nombril du bébé. Si vous le souhaitez, vous pouvez le couper vous-même.

Vous êtes papa!

Et vous dans tout ça? Encore sous le choc, vous n'avez peut-être même pas réalisé que vous êtes devenu papa! Félicitations! Pensez tout de même à embrasser votre femme et à souhaiter la bienvenue à votre enfant, ce sont des choses qui se font dans ce genre de situation! Comme lors des consultations prénatales, essayez de mémoriser le maximum de détails pour pouvoir les raconter plus tard à votre femme. Celle-ci, pour le moment, est complètement ailleurs : d'abord parce qu'elle se remet du véritable marathon qu'elle vient de vivre, ensuite parce qu'elle est tombée sous le charme du petit être rouge et fripé blotti tout contre elle.

3. La délivrance

Pendant neuf mois, vous aviez dû imaginer plusieurs fois ce grand moment, l'apothéose de la grossesse. Mais vous aviez probablement négligé un dernier élément : la délivrance.

Le placenta

L'enfant est né, mais l'accouchement n'est pas fini. Il faut encore que la maman expulse le placenta, qui sort par le même chemin que Bébé. Après quelques minutes de calme, les contractions reprennent, plus faibles heureusement : l'utérus se rétracte et le placenta se décolle. À vos yeux, cette masse sanguinolente qui ressemble à un gros poisson plat n'est guère agréable à regarder, mais gageons que la maman n'aura pas la même répulsion que vous si on le lui montre à ce moment-là. Il faut dire qu'elle est sous l'influence des hormones sécrétées pendant l'accouchement, et notamment de l'endomorphine, qui inhibe la douleur et lui fait voir le monde à travers des lunettes roses. La sage-femme qui a bien les pieds sur terre, elle, l'examine attentivement pour s'assurer qu'il n'en manque aucun morceau, ce qui pourrait entraîner de graves hémorragies utérines.

Premiers soins au bébé

Si la maman a subi une épisiotomie, ses tissus sont recousus, après lui avoir fait une anesthésie locale afin qu'elle ne sente rien. Le nouveau-né subit son premier examen médical : on désobstrue sa bouche, sa gorge et ses fosses nasales, on vérifie sa température et la perméabilité de son anus, on le pèse et on le mesure. Rien de très agréable quand on est au monde depuis une demi-minute, mais il paraît que c'est pour son bien (quoique certaines maternités, soucieuses du bien-être des bébés, réduisent ces soins au strict nécessaire).

Enfin prêt!

On vous le confie, tout propre, vêtu du petit pyjama choisi par Maman et du bonnet amoureusement tricoté par Mamie. Après toutes ces émotions, Bébé n'a qu'une hâte : se retrouver bien au chaud dans les bras de Papa ou sur le sein de Maman. Parlez-lui doucement, caressez-le. Vous aurez peut-être l'impression qu'il est indifférent à ce que vous lui racontez, pourtant votre voix, comme celle de votre femme, lui rappelle son séjour intra-utérin et le rassure infiniment. Vous avez enfin le droit de vous installer tous les trois dans une chambre. Soudain, vous vous rendez compte que vous mourez de faim. Depuis quand n'avez-vous rien avalé?

Votre sac pour la maternité

Votre femme a déjà dû préparer une valise en suivant la liste classique qui figure dans tous ses livres de grossesse : trousseau du bébé, vêtements pour la maman, dossier médical de la grossesse, papiers d'identité et livret de famille, cartes de Sécurité sociale et de mutuelle... Mais le futur papa a aussi besoin d'un petit kit de survie. Voici quelques idées pour le préparer.

Pour se poser en homme prévoyant et prévenant :
- *un brumisateur pour rafraîchir la maman pendant le travail,*
- *un lecteur de CD et de la musique douce (pas de hard rock, s'il vous plaît !),*
- *des magazines pour tromper l'attente,*
- *un appareil photo ou un téléphone pour immortaliser la venue au monde de votre enfant,*
- *un petit cadeau (préparé en secret) à offrir à votre femme après la naissance du bébé.*

Pour tenir bon :
- *des barres chocolatées à grignoter à l'insu de votre femme (qui ne doit rien manger pendant le travail),*
- *une balle antistress,*
- *une serviette pour vous éponger le front (et accessoirement, celui de la maman !),*
- *un flacon d'alcool de menthe à humer si vous vous sentez défaillir en salle d'accouchement* (non, je plaisante : une bonne claque de l'obstétricien fera l'affaire).

Si vous n'arrivez pas à temps à la maternité...

Rien de plus naturel qu'un accouchement. Ce n'est pas pour rien qu'on forme des obstétriciens et des sages-femmes. Mais si vous vous retrouvez coincés dans un bouchon aux heures de pointe, si la voiture tombe en panne en pleine campagne ou si vous êtes bloqués dans l'ascenseur, vous n'aurez pas le choix. On ne fait pas entendre raison à un bébé qui a décidé de pointer le bout de son nez.

Action !

Premier réflexe : appelez les pompiers ou le SAMU en expliquant bien la situation (un mot suffit !) et en décrivant précisément où vous vous trouvez.
Deuxième action : respirer. Oui, vous aussi. Finalement, vous avez eu raison d'assister aux cours de yoga prénatal. Étalez des serviettes ou des couvertures et installez votre femme le plus confortablement possible sur le siège arrière de la voiture (dans l'ascenseur, ce sera plus difficile). Aidez-la à se déshabiller (ça, vous savez faire). Encouragez-la à respirer comme elle l'a appris pendant les séances de préparation. Si vous apercevez le crâne du bébé, dites à votre femme de pousser à chaque contraction, puis de respirer calmement. Lorsque la tête du bébé est sortie, assurez-vous que le cordon ombilical n'est pas enroulé autour de son cou. Si c'est le cas, passez-le doucement par-dessus la tête. Posez vos mains sur les oreilles du bébé et poussez très doucement vers le bas, jusqu'à ce que l'épaule la plus haute apparaisse. Inclinez ensuite la tête vers le haut pour dégager l'autre épaule. Ne tirez jamais sur la tête du bébé. Une fois les épaules sorties, le reste passe comme une lettre à la poste. Posez le bébé sur le ventre nu de sa maman et couvrez-les bien tous les deux. Vous pouvez être fier de vous. Heureusement, les pompiers ne devraient plus tarder... pour vous réanimer.

Vous voilà papa...

Ça y est, Bébé est né.
Et maintenant, que fait-on ?

après l'accouchement

Vous allez avoir du pain sur la planche. Vous devrez déclarer l'enfant à la mairie sans vous tromper dans l'orthographe de son prénom (vous ne seriez pas le premier à qui ça arrive !), prévenir la famille et les amis, répondre aux appels de félicitations, avertir votre employeur, chouchouter la maman et le bébé… Vous n'aurez guère le temps de souffler !

Ce premier face à face avec votre bébé ne ressemble peut-être pas à ce que vous aviez imaginé, surtout si c'est votre premier enfant. Vous éprouvez des sentiments ambivalents et oscillez entre la joie et l'appréhension. La maman s'est endormie et vous le tenez dans vos bras. Combien de choses vous passent par la tête ! « Je suis papa. C'est mon enfant. Est-ce qu'il me ressemble ? Vais-je savoir m'en occuper ? Quelle responsabilité... Mon Dieu, il pleure ! Qu'est-ce qu'il a ? Mais il va aussi pleurer la nuit alors ! Comment je vais tenir si je ne dors plus ? Je n'arriverais jamais à me lever pour aller travailler. Tiens, il ne pleure plus. Il tète mon petit doigt ! Il doit avoir faim. Comme il est petit ! Qu'est-ce que c'est que cette tache sur le front ? C'est normal, ça ? Au fait, son crâne n'est pas encore fermé. Oh la la, il ne faut pas que je le serre trop fort. Bon, il s'est endormi. Qu'est-ce que je fais maintenant ? Si je le pose dans son berceau, il va se réveiller. Mais si je le garde, il va s'habituer aux bras. AU SECOURS ! »

Vous paniquez ? C'est normal !

Rien d'anormal à ce qu'un jeune papa panique un peu lorsqu'il est seul avec son bébé. Cela arrive aussi aux jeunes mamans. Si vous pensiez reprendre le travail un ou deux jours plus tard, vous comprenez maintenant que ce n'est pas très réaliste. Si vous le pouvez, restez aux côtés de votre femme un peu plus longtemps. Elle en sera sûrement ravie. Vous vivrez ensemble vos premiers pas de parents, vous vous soutiendrez dans les moments de doute. Vous la soulagerez aussi des tâches domestiques, vous vous occuperez du bébé pendant qu'elle fera la sieste. Les hommes mettent parfois plusieurs semaines à devenir père. Et si c'est plus rapide chez les femmes, elles ont aussi besoin de temps pour s'habituer au rôle de maman.

Profitez des onze jours de congé paternité qui vous sont accordés par la loi et qui s'ajoutent aux trois jours d'absence autorisés pour une naissance. Il vous suffit d'en faire la demande à votre caisse d'Assurance Maladie. Et pensez au congé parental d'éducation, également accessible au père. Ces quelques semaines ou ces mois passés auprès de votre enfant sont une occasion unique de tisser un lien privilégié avec lui.

Parfois, le teint du bébé vire au jaune le deuxième ou le troisième jour de sa vie : c'est l'ictère, ou jaunisse physiologique, dû à l'accumulation d'une substance produite par les globules rouges, la bilirubine, que le foie encore immature ne sait pas bien dégrader. L'ictère ne doit pas perdurer au-delà de la deuxième semaine. Sur son nombril, le bout du cordon, resté accroché, va se dessécher et se détacher entre le cinquième et le quinzième jour.

Bébé découvre sa maison, sa chambre et son berceau. Il dort beaucoup. Après neuf mois passés bien au chaud, il a besoin d'être entouré de tout l'amour de ses parents pour s'habituer à son nouvel environnement. C'est le temps des premières promenades à trois : quelle fierté de jouer les pères aguerris poussant d'une main experte le landau du bébé ! Les passants (les passantes surtout…) se retournent d'un air attendri sur ce charmant tableau familial. Finalement, votre femme a eu raison de choisir une poussette cinq étoiles…

La Maman – semaine 1 de votre vie de père

En principe, le séjour à la maternité dure de trois à cinq jours, parfois plus quand l'accouchement a été difficile ou quand la mère a perdu beaucoup de sang. Elle a souvent hâte de rentrer chez elle, mais encouragez-la à profiter de ce temps où elle est dégagée de tout souci domestique et où elle peut se reposer et dorloter son bébé. Faites un point avec elle pour savoir si vous devez filtrer les visites et les appels téléphoniques : les grands-parents, les frères et sœurs et les amis les plus proches sont les bienvenus, mais si elle n'y tient pas, évitez-lui les défilés de copains et les appels des grands-tantes bavardes. Dans les séries américaines, on voit souvent la jeune maman, radieuse, impeccablement coiffée et maquillée, accueillir les visiteurs avec son bébé dans les bras. Dans la réalité, elle a surtout besoin de calme et d'intimité. Elle aime aussi être entourée, surtout par des femmes. Les premiers jours, elle ne parlera que de son accouchement, avec vous d'abord, puis avec sa mère, sa grand-mère, ses meilleures amies… À la fin, vous connaîtrez l'histoire par cœur. Elle se répète, c'est vrai, mais c'est sa façon d'intégrer l'événement. Vous en profiterez pour immortaliser l'événement avec des dizaines de photos. Quelques jours après la naissance, elle risque de se mettre à pleurer et à voir tout en noir. C'est le fameux baby blues, dépression postnatale due aux bouleversements hormonaux. Rien d'inquiétant si les choses s'arrangent la semaine suivante. Mais si le problème persiste, il faut en parler rapidement à un médecin.

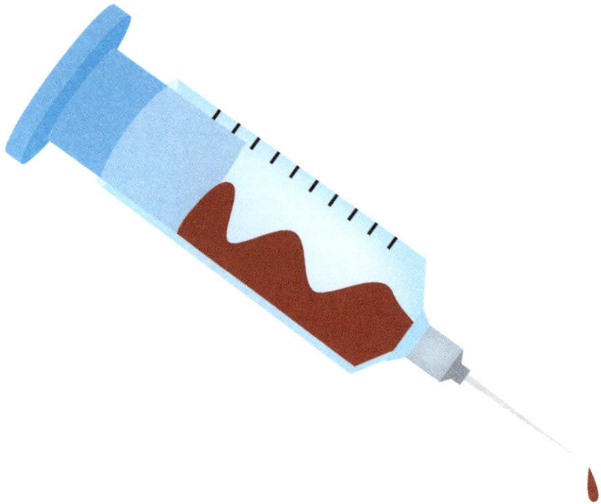

Dans les 48 heures suivant la naissance, un pédiatre examine son anatomie et vérifie ses réflexes. La première selle du bébé ressemble à une sorte de goudron noir ou verdâtre et très visqueux, peu ragoûtant, mais très important : l'évacuation de ce méconium, composé de déchets absorbés par le fœtus au cours de la grossesse, montre que son appareil digestif fonctionne bien. Entre le troisième et le cinquième jour de sa vie, on prélève au bébé quelques gouttes de sang au niveau du talon : c'est le test de Guthrie, qui permet le dépistage de certaines maladies héréditaires, rares, mais mieux soignées quand elles sont diagnostiquées précocement. Si vous ne recevez aucun résultat, c'est que tout va bien.
Si le bébé est nourri au sein, entourez la maman de tous vos soins pour faciliter la mise en route de l'allaitement. Sinon, donnez-lui le biberon le plus souvent possible : il n'y a pas mieux que ces moments de calme et de tendresse pour faire mutuellement connaissance. Oubliez tous vos préjugés machistes : les hommes aussi pleurent de bonheur !

Votre femme est heureuse de se retrouver dans son nid douillet, que vous aurez évidemment préparé avec soin : vous avez mis de l'ordre et fait le ménage, changé les draps et posé un bouquet de fleurs sur la table. Rappelez-vous qu'une jeune maman, comme une femme enceinte, se sent mieux dans une maison propre et rangée. Avec l'arrivée d'une troisième personne dans la famille, la gestion du quotidien va être plus compliquée : vous vous apercevrez bientôt que la présence d'un nouveau-né entraîne une quantité astronomique de linge à laver, de couches à jeter, de biberons à préparer. Raison de plus pour participer activement aux soins du bébé autant qu'aux tâches ménagères. N'hésitez pas à solliciter vos proches ou à employer une aide-ménagère. Si vous avez la moindre inquiétude concernant le bébé (problèmes de santé, de sommeil ou d'alimentation) ou la maman (maux physiques, dépression, difficultés d'allaitement), sachez que les sages-femmes et les puéricultrices de la maternité restent à votre écoute. Enfin, si vous êtes pressé de reprendre les siestes améliorées, attendez quand même quelques semaines que le corps de votre femme ait récupéré, et n'oubliez pas qu'elle peut retomber enceinte rapidement, même si elle n'a pas eu son retour de règles et même si elle allaite. Un seul moment d'inattention et vous voilà revenu au début de ce livre…

L'auteur remercie tout particulièrement Tineke Szatmari Okma, sage-femme, pour sa précieuse collaboration, ainsi que Coen Paulusma, Dick Swaab, Govert Schilling et Bas van Hoof.

Directeur : Jean-Louis Hocq
Directrice éditoriale : Marion Guillemet-Bigeard
Édition : Bérénice Taveau
Suivi éditorial : Françoise Caille
Collaboration éditoriale : Miléna Zahalka
Traduction : Catherine Tron-Mulder
Couverture : Johanna Fritz
Mise en pages : Nord Compo
Fabrication : Laurence Dubosq

SolarEditions
solar_editions

Solar, un département d'Édi8
92 avenue de France
75013 Paris

ISBN : 978-2-263-17155-0
Code éditeur : L17155
Dépôt légal : octobre 2020
Achevé d'imprimer en France par Estimprim en septembre 2020.